书山有路勤为径，优质资源伴你行
注册世纪波学院会员，享精品图书增值服务

家庭教育能力丛书

亲子活动共成长

家长能力

（小学低年级）

主　　编：王治芳
副 主 编：徐继存　牛青云
执 行 主 编：马红梅

电子工业出版社
Publishing House of Electronics Industry
北京·BEIJING

图书在版编目（CIP）数据

亲子活动共成长：家长能力. 小学低年级 / 王治芳主编. —北京：电子工业出版社，2022.6

（家庭教育能力丛书）

ISBN 978-7-121-43450-1

Ⅰ.①亲… Ⅱ.①王… Ⅲ.①小学生 – 家庭教育 Ⅳ.① G78

中国版本图书馆 CIP 数据核字（2022）第 079343 号

责任编辑：袁桂春

印　　刷：三河市良远印务有限公司

装　　订：三河市良远印务有限公司

出版发行：电子工业出版社

　　　　　北京市海淀区万寿路173信箱　　邮编100036

开　　本：880×1230　1/32　印张：6.25　字数：108千字

版　　次：2022年6月第1版

印　　次：2022年6月第1次印刷

定　　价：39.00元

凡所购买电子工业出版社图书有缺损问题，请向购买书店调换。若书店售缺，请与本社发行部联系，联系及邮购电话：（010）88254888，88258888。

质量投诉请发邮件至zlts@phei.com.cn，盗版侵权举报请发邮件至dbqq@phei.com.cn。

本书咨询联系方式：（010）88254199，sjb@phei.com.cn。

本书编委会

主　　编　王治芳

副　主　编　徐继存　牛青云

执 行 主 编　马红梅

编　　委　石　岩　张丕娟

丛书序

近年来，家长的家庭教育意识不断增强。很多家长通过听讲座、看视频、读书等方式学习了一些家庭教育理念、知识或方法，期望提升家庭教育水平。但很多时候，家长在遇到具体问题时还是存在手足无措、无法正确看待问题、与孩子沟通效果不佳、难以控制自己的情绪等情况，知道但做不到，这是为什么呢？

家庭教育是一项实践性很强的活动，家长只满足于书本学习是不行的，从"知"到"行"还有一段不短的距离。知道不等于理解，理解不等于能做，能做不等于有效。理念和知识是家庭教育水平提升的基础，家长只有通过不断实践、不断反思才能实现知行合一，不断提升教养能力。

亲子活动是家庭教育的重要途径。家庭教育在一定程度上可以看作由一个个亲子活动串联起来的整体行为。在活动中，家长的言传身教影响着孩子的人格和认知发展。因此，亲子活动质量直接体现了家长的教养能力，影响着家庭教育的水平。

　　鉴于此，山东省教育科学研究院先后组织编写了"家庭教育指导课程丛书"（包含《家庭教育指导课程指南》《幼儿家长手册》《小学生家长手册》《初中家长手册》共4册，以下简称《家长手册》）以及"家庭教育必读丛书"［包含《学会陪伴学会爱：家长学堂（0~1岁）》等共18册，以下简称《家长学堂》］，旨在帮助家长解决"知"的不足。在此基础上，又组织编写了本套家庭教育能力丛书（包含《亲子活动共成长：家长能力（0~1岁）》等共7册），旨在帮助家长解决由"知"到"行"的难题。

　　本丛书有扎实的理论基础，篇章结构以王治芳等提出的家长教养能力三维结构理论模型为依据，内容设计与《家长手册》和《家长学堂》一脉相承，是前两套丛书的延伸和应用，便于家长系统性地学习和实践。

　　本丛书包含0~1岁、1~2岁、2~3岁、幼儿园、小学低年级、小学高年级、初中共7册。按照家长教养能力结构，每册分为六大模块：家庭文化篇、家庭关系篇、家庭环境篇、品行塑造篇、心智培养篇、身心健康篇。每个模块由"小测验"、六个活动和"效果评估"等部分组成。"活动"是每册书、每个模块的主体，根据相应年龄段孩子的特点和家庭一般特点，

选取切合实际、可操作性强、有价值、有意义的活动。活动前的"小测验"，目的是让家长对照自身行为评估自己在这方面的教养能力水平。活动后的"效果评估"目的是帮助家长在完成本模块活动后，检验自己的实践成效与收获。

本丛书在编写过程中，参阅了大量家庭教育理论和实践著作，得到了省内外诸多相关专家的指导和帮助，在此一并致谢！

王治芳

山东省教育科学研究院继续教育研究所所长

前言

　　最美的相遇是家长与孩子因血缘纽带捆绑在了一起，最真的相伴是家长为了孩子更好地成长而努力学习并付诸实践，最动人心扉的场景是家长与孩子幸福相伴，邂逅美好。

　　小学低年级的孩子正处在身心发展的关键期，需要家长的耐心陪伴与用心栽培，家长需要在更加科学、专业的育子道路上深耕细作，静待花开。

　　家庭是人生的第一个课堂，是一个人梦想启航的地方，是每个孩子启迪智慧、健全身心、塑造品格的摇篮，家人的陪伴和教育在孩子成长过程中起着不可估量的作用。习近平总书记特别强调"我们都要重视家庭建设，注重家庭、注重家教、注重家风"。只有每个家庭既承担起"帮助孩子扣好人生的第一粒扣子，迈好人生的第一个台阶"的重担，又承担起帮助孩子"在为家庭谋幸福、为他人送温暖、为社会做贡献的过程中提高精神境界、培育文明风尚"的重任，这样孩

子才能够在"自觉承担家庭责任、树立良好家风"以及为社会做出有益贡献等方面打下良好的思想基础、品德基础和人格基础。

父母是孩子的第一任老师。据调查数据显示，父母采取民主型教养方式培养出来的孩子的社会性得分，高分组的比例大大高于宽容型和专制型，可以看出这种教养方式中亲子关系的平等与和谐。让孩子在良好的环境中接受教育，对孩子的社会性发展有着积极的影响。在民主型教养方式形成的过程中，亲子互动、共同参与家庭活动是必不可少的。这类活动，一方面可以增加亲子沟通的机会，密切亲子关系；另一方面有利于父母对镜反观自己的教育言行，学会并习惯于进行换位思考、尊重孩子、启迪智慧。如果说对家庭教育理论知识的学习是家长改变家庭教养方式的前提和基础，那么本书从活动设计的角度，为家长提供实操性家庭教养策略指导，更加直接地为科学的家庭教养方式指路。

本书面向小学低年级（1~3年级）学生家长，按照家长教养能力结构分为六大模块：家庭文化篇、家庭关系篇、家庭环境篇、品行塑造篇、心智培养篇、身心健康篇。每篇包含小测验、六个主题活动、效果评估三部分，主要目的在于，让家长

对照自身在日常生活中的家庭教育行为，检测教养能力水平，通过参与实操类亲子活动，拓展教育理论知识，最终提升教养能力，改善亲子关系，营造和谐的家庭氛围，促进孩子健康成长。

活动首先选取《学会陪伴学会爱：家长学堂》"思考与应用""建议"中的具体方法，"分析"中的关键知识，并将其转化为具体的活动形式；其次，根据本年龄段孩子的身心发展特点和家庭普适性特点选取切合实际、可操作性强、有价值、有意义的活动，如互动游戏、亲子阅读、习惯养成、兴趣培养、品德教育、行为规范、职业体验、动手实践、科学探究、是非判断、时间管理、情绪管理等。

建议家长拿到本书后，先浏览目录，选择自己和孩子感兴趣的活动，再仔细阅读活动内容，明确活动目的，和孩子一起精心做好活动准备，并根据自身家庭教育现状，机动灵活地采纳活动流程及建议。家长应本着"因材施教"的原则，丰富活动形式，调动孩子的参与积极性，充分激发孩子的兴趣。在实施过程中，家长应自觉进行过程记录，撰写活动反思，举一反三，积极尝试设计延伸活动，持之以恒地做好效果评估，力求实现活动价值的最大化，助力孩子身心健康发展。

本书由马红梅任执行主编，编委有石岩、张丕娟，由丛书主编王治芳及其他专业人员审校统稿。

本书在编写过程中，得到省内外相关专家的指导与帮助，在此一并致谢！

目 录

家庭文化篇

家庭关系篇

家庭环境篇

品行塑造篇

心智培养篇

身心健康篇

家庭文化篇

家庭文化是基于家人生活方式的习惯逐渐形成的精神价值的沉淀。一个家庭在日积月累的生活中总结出来相关生活经验并传承延续，会形成一种无形的家庭文化，表现在家人的日常言行和待人接物之中，也体现在家庭成员的互动和家庭活动之中。

　　家庭文化包含家庭成员共同的行为规范、道德准则、群体意识和思维方式等。良好的家庭文化是推动家庭发展和稳定的积极力量，能引导孩子形成正确的价值观和行为规范，潜移默化地影响孩子成长。

　　小学低年级的孩子开始脱离以游戏为主的幼儿园生活，逐渐建立稳定的同伴关系。孩子能否很好地适应学校中的"社会"氛围，家庭文化的熏陶起了重要作用。本篇从理想家庭畅想、生活习惯改善、良好家风创建等方面设计了六个典型活动，旨在通过切合实际而又富有趣味的家庭活动，营造民主和谐的家庭氛围，促进家庭文化品质提升。

小 测 验

下列哪些描述与您的情况相符，请在"判断"框内打"√"。

序　号	题　目	判　断
1	我很喜欢我的家庭，家人总是其乐融融。	
2	我和家人交流时很专注，几乎不看手机。	
3	我和爱人经常引导孩子尊敬长辈、关心亲朋好友。	
4	在孩子与同伴发生矛盾时，我和爱人会耐心引导、冷静处理。	
5	我们家会定期召开家庭会议，敞开心扉为小家建设出谋划策。	
6	我与爱人会引导孩子节约粮食，不挑食，尊重他人的劳动成果。	
7	我与爱人对家庭收支状况均比较熟悉，消费习惯良好，不乱花钱。	
8	当孩子与别人攀比时，我会耐心引导，不助长孩子的虚荣心。	
9	每逢重要节假日，我与爱人都会主动给长辈打电话或当面问候。	
10	我与家人、邻里、同事的关系比较融洽。	

结果解释

8~10个"√"，表示您的家庭文化氛围良好，请继续保持。

4~7个"√"，表示您的家庭文化氛围一般，有改善的空间。

1~3个"√"，表示您的家庭文化氛围有待改善。

活动一：我理想的家

您理想的家是什么样的？请引导孩子说一说其理想中的家，全家一起合作设计出理想的家。家长要引导孩子独立思考，对家庭有相对清晰的认识，在自我管理、自我服务中成长，创建良好的家庭文化。

活动目的
1. 画一幅画，激发孩子对理想家庭的样子的想象。 2. 通过全家的家庭改造行动，促进家庭关系和谐。 3. 建构理想中的家的样子，培养孩子的家庭责任感。
活动准备
物质准备：老舍的《我的理想家庭》打印稿、A3大小的白纸、彩笔。
知识准备：阅读《学会陪伴学会爱：家长学堂（三年级）》第11课"读懂孩子的'画中话'"。以下简要摘录部分内容。
随着年龄的增长，三年级的孩子自主意识和独立性逐渐增强，如果家长与孩子沟通不畅，孩子就会"报喜不报忧"或与家长交流得越来越少。此时，家长需要学习与孩子沟通的方法，比如从孩子信手涂鸦中读懂孩子的情感需求，学会和孩子有效沟通，进而引导孩子学会表达。
配套音频：手机端下载"家长空间"App，搜索文字"读懂孩子的'画中话'"即可免费收听。

活动流程			
步　骤	方　法	要点提示	记录孩子表现
步骤1： 名篇导入	家长给孩子朗读老舍的文章《我的理想家庭》，可以问孩子："你喜欢老舍理想的家吗？""你希望我们的家成为什么样？"激发孩子对自己理想家庭的想象。	家长对文章内容进行适当点拨，观察孩子的反应，帮助孩子理解。	
步骤2： 畅谈我家	引导孩子说说他理想的家是什么样的。比如，卧室的布局、书房的摆设、就餐时的情景、家务劳动的场景、家人交流时的氛围等。 家长说说自己理想的家的样子。	不要限制孩子的想象力，让孩子畅所欲言。 家长说的时候要适当采纳孩子的想法，以示鼓励。 一人做好记录。	
步骤3： 讨论协商	家长根据记录梳理出共同点和不同点，组织家人针对不同点进行充分讨论。当产生分歧时，每个人都说说自己的理由。最后通过举手表决等方式达成共识。	当一个人发表观点时，其他人要耐心倾听。 对于孩子提出的不太恰当的设想，家长要给予孩子解释的机会，充分尊重孩子的想法。	

步骤4： 绘制蓝图	家人共同绘制出理想的家的样子。可以先由一人绘制出轮廓，其他人再对家的不同区域进行细节填充。	绘制时，要保证孩子充分参与其中，家人互助完成。	
步骤5： 改造行动	按照全家绘制的蓝图，对家进行适当改造，如可以在客厅摆放一束鲜花、在家庭阅读区添置孩子喜欢的书、定期维护家庭环境的整洁、保证足够的家庭交流时间等。	重视对家的现实改造，让家人充分感受到家的变化带来的美好。 对改造后的家要持之以恒地呵护。	

活动反思

实施该活动后，孩子有没有更喜欢自己的家？您与家人是否增进了感情？改造后的家是否让您和家人感到更舒适、更温馨？

活动延伸

1. 本活动"步骤1"也可以用歌曲《完美的一天》来导入。

2. 家人也可以对家庭的局部空间或家庭相处时光进行设想和改善，以共同创造美好的家。

活动二:《电子产品使用公约》

电子产品的过度使用对孩子的学习、身心发展都会产生不良影响。为创造良好的学习生活环境,帮助孩子培养健康的生活习惯,建议家长和孩子一起制定文明、合理的《电子产品使用公约》。

活动目的
1. 通过真实案例,引导孩子养成合理使用电子产品的好习惯。 2. 共同商讨制定家庭公约,家人共同增强规则意识。
活动准备
物质准备:关于电子产品造成危害的案例、白纸、彩笔。 知识准备:阅读《学会陪伴学会爱:家长学堂(二年级)》第13课"讲条件不如划底线"。以下简要摘录部分内容。 底线是一个人品行的基础和根本,是社会对人的行为最起码的规范。对孩子来说,底线利于他们良好行为习惯的养成和终身发展。 家长要给孩子制定明确的规则,帮孩子从他律走向自律,为孩子守好必须要有的底线,并且制定几条家庭成员的行为规则。 配套视频:手机端下载"家长空间"App,搜索文字"给孩子讲条件不如划底线"即可免费观看。

活动流程			
步　骤	方　法	要点提示	记录孩子表现
步骤1： 案例导入	寻找适当的时机，给孩子讲讲关于电子产品造成危害的案例，如影响视力健康的案例、降低专注力的案例……让孩子充分认识到不合理使用电子产品的危害。	案例的选取要真实、有说服力。 让孩子说一说电子产品的危害，避免家长单方面说教。	
步骤2： 商定公约内容	家长和孩子协商电子产品使用的内容，可以包括时间、用途、监督者、奖惩措施等，如在家里设置"手机使用专区"、每天使用电子产品不超过半小时等。	一定要让孩子参与进来。公约需要公平公正，既规范孩子，也约束家长。	
步骤3： 制定公约	家人共同将协商的《电子产品使用公约》分条目写下来，适当进行美化，粘贴在合适的位置，以示提醒。	让孩子参与制定公约的过程，激发孩子的主体责任意识。 公约尽量粘贴在公共的、较为显眼的位置。	

步骤4： 行动评价	制定"《电子产品使用公约》践行评价表"，包括家人姓名、日期、星级评价，并粘贴在公约旁。 家人共同遵守公约，相互监督，轮流担任考评员，对家人的公约践行情况进行星级评价。	家长要积极主动遵守公约，做公约的最佳执行者，给孩子做好榜样。 在考评员和执行者两个角色互换的过程中，增强和提高遵守公约的责任感和自觉性。	
步骤5： 丰富活动内容	家人减少电子产品的使用后，应共同探索更有意义的家庭活动，如家庭共读时光、家庭游戏、家庭聚餐等，增进家人之间的情感交流。	用有益的活动丰富家庭日常生活。活动内容应基于孩子的兴趣与需求而定，以调动孩子的参与积极性。	

活动反思

您与家人是否严格遵守《电子产品使用公约》？减少电子产品的使用后，您与孩子共同交流的话题或开展的活动是否有所增加？

活动延伸

还可以制定《家庭阅读公约》、《家庭劳动公约》、《按时作息公约》等，并由家人共同遵守，以形成良好的家庭规则意识。

活动三：家庭投票箱

有的家长在家庭中比较强势，很少倾听他人的想法，凡事都是自己说了算。专制型教养方式不利于孩子独立人格的形成，也阻碍良好家人关系的构建。家长应学会发扬民主精神、构建民主平等的家庭氛围，促进孩子身心健康发展和良好家庭文化形成。

活动目的
1. 尝试进行投票，培养孩子独立判断、处理问题的能力。 2. 商讨投票规则，培养孩子的家庭责任感。 3. 召开家庭会议，形成民主、公平的家庭氛围。
活动准备
物质准备：从网上找1~3张关于投票的图片、纸壳、胶带、剪刀、彩笔。
知识准备：阅读《学会陪伴学会爱：家长学堂（二年级）》第8课"科学选择兴趣班"。以下简要摘录部分内容。
兴趣班是为了培养孩子的兴趣爱好，选择兴趣班有一定的原则：尊重爱好，灵活培养，扬长避短。兴趣培养有一定的方法，家长要充分倾听孩子的想法，也要有合理的心理预期。兴趣的培养是一个漫长的过程，家长不能急于求成，也不能期望太高，给孩子过大的压力，心理预期要合理，要对孩子有信心，有耐心。
配套音频：手机端下载"家长空间"App，搜索文字"选择兴趣班，也有大学问"即可免费收听。

活动流程			
步　骤	方　法	要点提示	记录孩子表现
步骤1：图片导入	家长给孩子呈现投票图片，询问："你知道为什么要投票吗？"引导孩子了解投票的意义。 家人共同探讨哪些事情可以通过投票决定，为共同制作投票箱达成共识。	如果孩子不清楚投票的原因，那么家长应该结合图片中的投票缘由帮助孩子理解。	
步骤2：制作投票箱	家长引导孩子积极参与，利用准备的材料，共同制作投票箱。	可鼓励孩子发挥想象力，装饰投票箱。	
步骤3：协商规则	家人一起讨论投票规则，如家庭全体成员公开讨论、少数服从多数等。	家人一定要充分讨论，民主协商，规则一旦建立就不能随意更改。	
步骤4：尝试投票	全家选择一个话题开展"投票"活动，如节假日去哪里玩、谁参加学校家长会等。 认真执行投票结果，尤其要尊重孩子的合理意见。	家长要耐心倾听和鼓励，引导孩子大胆说出自己的想法。	

步骤5:形成习惯	养成使用投票箱的好习惯,如遇重要的事情,要组织家人发表意见、进行投票。	家长不要因为麻烦而放弃使用投票箱。	

活动反思

您家中的"家庭投票箱"利用率高吗?通过民主协商的事情是否更容易开展?您的家庭氛围是否更加民主、平等?

活动延伸

可以制作家庭表决卡、组织家庭座谈会,营造民主沟通、平等交流的家庭氛围。

活动四：我师我来爱

"亲其师，信其道；尊其师，奉其教；敬其师，效其行"，这句话说明良好的师生关系对孩子的成长有积极影响。如果师生关系不融洽，那么孩子可能产生厌学情绪。因此，家长在日常言行中要表达出对老师的尊重，帮助孩子建立良好的师生关系，形成尊师重教的家庭氛围。

活动目的
1. 讲述经典故事，培养孩子尊敬老师、感恩老师的态度。 2. 回忆师生温情时刻，让孩子愿意主动亲近老师、喜欢老师，喜欢学校，爱上学习。 3. 言传身教，形成尊师重教的优良家风。
活动准备
物质准备："孔子拜师""程门立雪"等尊师故事。 知识准备：阅读《学会陪伴学会爱：家长学堂（二年级）》第32课"亲其师才能信其道"。以下简要摘录部分内容。 "亲其师，信其道；尊其师，奉其教；敬其师，效其行"一语道破了良好的师生关系对于学生的重要影响。亲其师才能信其道，孩子只有愿意主动亲近老师，才会对老师所传授的道理给予认可和信任。 二年级的学生虽然已经跟老师相处了一年，有了一定的师生感情，但依然需要家长言传身教，正确引导孩子尊师重道。比如，引导孩子理解、欣赏老师，学会和老师正确沟通。 配套音频：手机端下载"家长空间"App，搜索文字"尊其师才能信其道"即可免费收听。

活动流程			
步　骤	方　法	要点提示	记录孩子表现
步骤1： 故事导入	家长向孩子讲述"孔子拜师""程门立雪"的故事，帮助孩子明白尊师重教是中华民族的传统美德。	家长可以一边讲述故事，一边引导孩子谈谈感受。	
步骤2： 情景再现	鼓励孩子回忆自己和老师相处的情景，如老师提醒自己喝水、自己帮老师搬作业本等，感受老师对自己的关怀。	与孩子交流时，家长要鼓励孩子进行多角度表达，并适时做出回应，如："老师很关心你的身体健康啊！""你能帮助老师，老师一定很喜欢你！"	
步骤3： 优点清单	家长和孩子一起制作"老师优点清单"，把老师的优点记录下来，还可以通过家校联系手册、留言等方式将其反馈给老师。	家长应引导孩子从不同方面列出多位老师的优点。	

步骤4： 尊师宣言	家长和孩子一起讨论应如何尊敬老师，并制定家庭尊师宣言，如见了老师主动问好，感恩老师的辛苦付出等。	尊师宣言内容应具体，切忌空喊口号。	
步骤5： 践行宣言	在亲子交流、与老师联系或节假日问候老师时，都应体现全家对老师的尊重，让"尊师"成为家风。	一旦发现孩子主动问候老师、关心老师，就要及时表扬。	

活动反思

您的孩子是否更能体会老师的辛苦？您与孩子在家中是否经常交流老师的付出？您的孩子的学习动力是否有所提升？

活动延伸

请您鼓励孩子用绿色的形式向老师表达祝福和感谢，可以设计卡片，也可以精心制作手工品等。

活动五：一粒米的由来

古诗云："谁知盘中餐，粒粒皆辛苦。"米虽小，但每一粒都饱含着劳动人民的辛苦劳动。孩子生活在如今的社会，往往不能理解粮食的来之不易，不懂得尊重劳动的重要性。家长要从一粒米的由来讲起，引导孩子尊重劳动，珍惜劳动成果。

活动目的

1. 画一画一粒米的故事，培养孩子珍惜粮食、尊重劳动的品质。
2. 家中增设节俭点赞区，制作点赞卡，互相评价，形成勤俭节约的良好家风。

活动准备

物质准备："周总理拾饭粒"故事打印稿、一杯大米、纸、彩笔。

知识准备：阅读《学会陪伴学会爱：家长学堂（三年级）》第6课"在劳动体验中获得成长"。以下简要摘录部分内容。

每年假期，很多家长和孩子都选择外出旅游来消遣。其实，比起人山人海的旅游景点，家长带着孩子深入田间地头，感受劳动的喜悦，体验自己动手丰衣足食的幸福，也不失为一种有意义的休闲方式。

家长可以带孩子走进乡野，感受每一粒粮食来之不易；体验生活，分享每一个生命成长真谛；以身作则，倡导勤俭节约良好家风；转变观念，促进德智体美劳全面发展。

配套音频：手机端下载"家长空间"App，搜索文字"带孩子走进农村，体验劳动"即可免费收听。

活动流程			
步　骤	方　法	要点提示	记录孩子表现
步骤1： 探究导入	家长和孩子一起搜集大米从一粒种子变成米饭的资料，让孩子说一说过程。	家长不需要过多引导，孩子只要说出大体过程就可以。	
步骤2： 画中"话"	家长和孩子一起画一画大米从一粒种子变成米饭的过程，如播种、抽穗、收割、包装等，并在相应位置标注出每个劳动环节所需的时间。 画完后，引导孩子对照图画说一说一粒米的背后包含哪些人的劳动。	家长和孩子共同参与，画的时候尽量具体，要体现各个环节中人的劳动。 引导孩子体会一粒米背后的艰辛。	
步骤3： 名人故事	家长给孩子讲"周总理拾饭粒"的故事，让孩子懂得"尊重劳动，珍惜粮食"是中华民族的传统美德。	家长引导孩子向伟人学习，做勤俭节约的人。	

步骤4： 节俭延伸	家人一起讨论生活中哪些方面应该节俭，怎样节俭，如随手关掉水龙头、循环利用水资源、随手关灯等。	家长引导孩子将节俭习惯延伸到生活的方方面面。	
步骤5： 践行节俭	家长与孩子一起践行节俭，做节俭达人，如可以在家中固定位置增设节俭点赞区，制作点赞卡，家人共同参与，互相评价，每周总结，评选"节俭达人"。	在日常生活中，关注孩子节俭习惯的养成，及时评价。	

活动反思

您与家人是否做到了节约粮食、节水节电？您平时引导孩子关注身边的浪费现象并进行节约提醒吗？您与孩子是否尊重身边的劳动者？

活动延伸

1. 家长还可以给孩子讲讲"一支铅笔的由来"，鼓励孩子在生活中用点滴行动践行节俭美德。

2. 鼓励孩子积极参与学校或社区组织的节俭公益活动，做杜绝浪费的小使者，做尊重劳动、文明有礼的小公民。

活动六：家庭收支簿

　　勤俭持家是中华民族的传统美德，但很多小学生体会不到父母挣钱的辛苦，也不懂美好生活的来之不易，生活中经常会有不合理消费现象。本活动旨在让孩子了解家庭收支情况，树立正确的金钱观，学会合理消费。

活动目的
1. 制作收支簿，初步提高孩子的理财能力。 2. 记录自己每一笔收支，引导孩子养成合理消费的好习惯。 3. 分析家庭收支，改善家庭消费方式，营造合理消费的家庭氛围。
活动准备
物质准备：横格记录本、直尺、计算器。 知识准备：阅读《学会陪伴学会爱：家长学堂（三年级）》第19课"理财教育莫忽视"。以下简要摘录部分内容。 　　三年级的孩子，对于金钱或多或少出现渴求心理，他们希望自己有零花钱，希望自己能够独立支配零花钱。家长要指导孩子合理消费，进行理财指导。可以陪伴孩子到银行开设个人账户，让孩子学会管理自己的零花钱。 　　配套图文：手机端下载"家长空间"App，搜索文字"不要低估孩子理财能力的重要性"即可免费阅读。

活动流程			
步　骤	方　法	要点提示	记录孩子表现
步骤1： 回顾导入	家长引导孩子回想本周内购买的物品，并记录物品名称、价格，说一说购买理由和实际使用情况。	对使用率低的物品，家长要做出标记。	
步骤2： 制作收支簿	家长和孩子共同制作每周家庭收支簿，每人一页。每页包括姓名、日期、收入、支出事由、支出金额及实际使用情况等，并在收支簿中呈现月末汇总区。 制作完成后，把家庭收支簿挂在家中公共区域，便于家人记录。	孩子制作收支簿时可能存在困难，家长要发挥指导作用。	
步骤3： 实时记录	每位家庭成员共同用家庭收支簿记录每一笔收支。	家人之间相互监督，如实记录。	
步骤4： 周末总结	利用周末召开家庭会议，家人共同汇总每个人的收支情况，核算全家本周收支情况，分析存在的消费问题，并探讨应该如何合理消费。	在这个过程中，家长要引导孩子思考支出的必要性。	

| 步骤5：改善对策 | 根据对家庭收支情况的分析，由家人一起讨论针对家庭消费方式的改善对策，并共同践行。 | 鼓励孩子积极参与家庭的财政管理，只有亲身体验，才能增强合理消费意识。 | |

活动反思

家庭收支簿是否得到充分利用？您的家庭总体花费是否比以前减少？家人的消费习惯是否有所改善？

活动延伸

您还可以引导孩子设计一个自己长期使用的收支簿，记录每一笔收入和支出，自主管理零花钱。

效果评估

做完本篇活动，效果如何，请对照评估一下吧！

评估维度	描　述	改善明显	有一定改善	改善不明显
家长能力	您是否更善于了解孩子的内心想法？			
	您与孩子的老师的沟通效果有提升吗？			
家庭文化	家庭民主氛围有明显改善吗？			
	家庭消费状况是否更合理？			
	家人是否更勤俭节约？			
孩子变化	孩子的节约意识是否增强？			
	孩子是否积极主动与家人进行交流？			

家庭关系篇

家庭关系是指基于婚姻、血缘或法律形成的一定范围的亲属之间的权利和义务关系。家庭关系以主体为标准可以分为夫妻关系、亲子关系以及其他家庭成员之间的关系。

家庭关系对孩子的影响是不可估量的。在亲密家庭关系中成长起来的孩子，往往阳光开朗、心理健康，而且更加独立自主、心胸豁达、充满自信，也具备快速应对各种问题的能力。相反，如果家庭关系缺乏亲密感，孩子则很难跟别人建立亲密连结，容易产生自卑、忧虑、焦躁等负面情绪，影响与他人的交往。

建立和维护亲密的家庭关系，是为人父母必修的课程。面对小学低年级的孩子，家长要用细致入微的关心来满足孩子的合理需求，成为其愿意沟通和倾诉的对象，这样才能营造一个亲密的家庭氛围。同时，家长也要关注与家庭其他成员的关系，以礼相待、真诚交流、和睦相处，营造融洽的家庭氛围。

本篇活动涵盖亲子交流、角色互换、尊敬长辈等方面，旨在引导家长处理好家庭成员间的关系，增强家人关系的亲密感，营造互相理解、互相欣赏、和谐共处的良好家庭氛围。

小测验

下列哪些描述与您的情况相符，请在"判断"框内打"√"。

序　号	题　目	判　断
1	我与爱人都很孝敬长辈。	
2	我经常向爱人表达情感，如给爱人一个拥抱、说一句关心的话等。	
3	我和爱人能轻松地交流，不用担心哪句话会使对方不愉快。	
4	在孩子的教育问题上，我和爱人能够保持一致意见。	
5	孩子会主动与我交流在学校里发生的事。	
6	当孩子说话时，我会专注倾听，让孩子把话说完，不轻易打断。	
7	我与孩子沟通时不会使用情绪化语言，孩子跟我交流时比较轻松。	
8	当孩子调皮时，我不会立即责怪，而是先耐心提醒孩子，说明缘由。	
9	我经常向家人表达感谢，如说一声"谢谢"、为他们做一顿晚餐。	
10	如果我做错了，那么我会主动向家人道歉。	

结果解释

8~10个"√"，表示您的家庭关系良好，请继续保持。

4~7个"√"，表示您的家庭关系一般，有改善的空间。

1~3个"√"，表示您的家庭关系有待改善。

活动一：十分钟聊吧

孩子喜欢与您交流吗？交流时，您和孩子都能说出内心的真实想法吗？亲子沟通不仅关系家庭的和睦，还影响孩子的健康成长。家长要重视与孩子的沟通，尊重孩子的心理感受，耐心倾听孩子的心声，理解孩子的内心想法，让有效的沟通增进亲子关系。

活动目的
1. 针对日常小事开启谈话，促进家人之间的交流。 2. 平等交流，增进家人情感，改善家庭关系。
活动准备
物质准备：茶点、水果等。 知识准备：阅读《学会陪伴学会爱：家长学堂（三年级）》第23课"帮孩子提升写作能力"。以下简要摘录部分内容。 三年级是培养孩子写作能力的重要阶段。家长应重视孩子写作能力和写作习惯的培养。可以丰富孩子的生活体验，积累写作素材；培养孩子的阅读习惯，提高语言感受能力；激发孩子的表达兴趣，提升表达能力，和孩子一起写亲子日记。逐步提高作文水平。 配套视频：手机端下载"家长空间"App，搜索文字"怎样提升孩子的写作能力"即可免费观看。

活动流程			
步　骤	方　法	要点提示	记录孩子表现
步骤1： 谈话导入	家长选择日常生活中的一件小事开启谈话，如"今天的晚餐做得怎么样""学校里发生了什么有趣的事情"等，激发孩子的交流兴趣。	家长要营造轻松舒适的交流氛围，给予孩子更多表达想法和意见的机会。	
步骤2： 共情聆听	家长用共情法来理解孩子的想法或意见，并通过眼神或肢体语言进行回应，让孩子感受到你在认真倾听，并能够理解他的想法。 　　如当孩子苦恼于作业有点难时，你可以回应："需要我和你一起解决吗？"	无论遇到何种话题，先允许孩子表达真实的想法，家长要深切体会并进行换位思考。	
步骤3： 赞扬鼓励	在亲子交流中，家长要抓住机会适时赞美孩子，如"你在学习上遇到困难时能主动寻求家人的帮助非常好，生活中遇到困难时也要这样"。	当孩子交流自己遇到的困难或烦心事时，家长一定要关注孩子的心理状态并及时给予帮助和进行引导。	

| 步骤4：
日常升温 | 家长与孩子约定时间，保证每天至少有10分钟的聊天时间。在这个过程中，家长也可以与孩子分享自己的工作或心事，真正实现平等交流。 | 家长不要一味地只让孩子说，避免"套话"的嫌疑，应该真诚分享，增进沟通。 | |

活动反思

实施该活动后，孩子向您倾诉最多的话题是什么？您会主动跟孩子交流哪些话题？您是怎样引导孩子敞开心扉的？请把这些感受记录下来吧！

活动延伸

此活动还可以选取一个孩子较为关心的话题，召开家庭会议，倾听家人的心声。

活动二：交换小秘密

有的家长经常因忙于工作而忽视与孩子的交流，亲子沟通越来越少，亲子关系逐渐疏远。在亲子相处中，家长应不断探索新方式。比如，和孩子交换一个小秘密，在平等交流中增加沟通机会，关注心理安全，拉近亲子距离，改善亲子关系。

活动目的
1. 借助"秘密宝箱"，创造平等沟通的机会，增强孩子对父母的信任。
2. 分享小秘密，关注孩子的心理安全，增强健康、和谐的亲子关系。
活动准备
物质准备：轻音乐、纸笔或卡片、小盒子（用来制作秘密宝箱）。
知识准备：阅读《学会陪伴学会爱：家长学堂（二年级）》第1课"当孩子有了小秘密"。以下简要摘录部分内容。
二年级的孩子开始有了自己的小秘密，对此，有些家长不以为然，觉得小孩没什么大不了的秘密，还有家长认为，不能让孩子有秘密，这是对孩子的爱和保护。其实，孩子有了小秘密不可怕，这是孩子成长的必然结果，也是孩子逐渐确立自我意识的表现。孩子有了小秘密，标志着孩子内心世界的降临。
配套视频：手机端下载"家长空间"App，搜索文字"尊重孩子的小秘密"即可免费观看。

活动流程			
步　骤	方　法	要点提示	记录孩子表现
步骤1： 制作秘密 宝箱	播放轻松舒缓的音乐，亲子共同制作"秘密宝箱"。各自选择纸张，写下2~4个关于自己秘密的主题，如"我最想做的事""我最想对孩子说的话""我希望爸爸变成什么样"等，写好后，将秘密纸条投入宝箱。	家长要引导孩子明确这个活动是共同参与的，每个人都会敞开心扉交换秘密。	
步骤2： 分享秘密	待秘密纸条投入宝箱之后，家长和孩子轮流抽取秘密纸条，被抽中的人进行秘密分享。 鉴于抽取存在一定的概率，当任一方被抽中的次数过多时，家长就要灵活变换方式，鼓励孩子主动分享秘密。	如果孩子的秘密是烦恼或心结，家长就要重视并进行心理疏导，给予孩子心理安全感。 家长应注意保持孩子对秘密分享的好奇心，实现亲子平等分享，确保孩子心理平衡。	

步骤3：积极回应	在分享秘密的过程中，家长应对孩子主动表达或真诚的态度提出表扬，如"能够听到你想让爸爸多陪你，爸爸真的很开心"；如果孩子发出求助信号，家长就一定要给予帮助，如"你在与同伴相处时遇到了不开心的事，妈妈会与你一起解决"……	分享秘密的过程是提升亲子信任度的有效途径，家长要给予孩子充分的关注和进行合理的引导，提升孩子对家长的心理信任度。	
步骤4：保密约定	确定"亲子间的朋友关系"，在有乐趣或烦恼时随时交流各自的想法，并承诺会对分享内容予以保密。	探知孩子的内心世界，守护心理健康，是家长应坚持关注的教养大事。	

活动反思
实施该活动后，您是否更全面地了解孩子？孩子对您或家人分享的秘密感兴趣吗？您和孩子是否经常交流内心想法？请把这些感受记录下来吧！

活动延伸
您可以将与孩子畅谈的话题延伸至多个方面，如读书分享、学校好友、工作趣事等。

活动三：角色来互换

生活中，亲子之间往往会因误会产生隔阂。有时候，家长好心给孩子提建议，孩子却觉得家长干涉自己的自由。不妨和孩子来一次角色互换，体验对方的感受，这将有助于增进亲子理解，融洽亲子关系。

活动目的
1.选定活动场景，进行角色还原，增进亲子理解。
2.进行亲子沟通，达成默契，促使亲子之间互相体谅，增进感情，进而改善亲子关系。

活动准备
物质准备：问题卡片、纸和笔、号码牌、椅子。
知识准备：阅读《学会陪伴学会爱：家长学堂（二年级）》第12课"过度控制不是爱"。以下简要摘录部分内容。
对孩子的教育要把握尺度，但是，家庭教育中过度控制的情况还是频频发生。过度控制孩子，很多时候是家长在满足自己的心理需求。缺乏对孩子心理上的关怀和对孩子的尊重，会影响孩子的身心健康。作为家长，应该在尊重的基础之上爱孩子，才会让孩子成为真正的自己。
配套视频：手机端下载"家长空间"App，搜索文字"过度控制需谨慎"即可免费观看。

活动流程			
步　骤	方　法	要点提示	记录孩子表现
环节1： 游戏热身	家长介绍"鸡蛋变凤凰"游戏规则：游戏分四个角色，等级由低到高分别是鸡蛋、小鸡、母鸡、凤凰。每个人的初始状态为鸡蛋，通过猜拳，最终升级为凤凰者胜出。每个家庭成员需和同等级的其他人猜拳，胜者升级，输者降级。计时5分钟，等级最低的人表演节目。	借助游戏的趣味性，让孩子体验游戏中角色变换带来的心理感受，激发对"自选角色进行互换"的兴趣。	
环节2： 选定场景	家长和孩子共同商讨，确定生活中经常出现的互相不理解的场景，如"督促写作业""嫌弃饭菜难吃""周末需要户外游玩"等，选定角色扮演者。	在此环节，家长和孩子应客观选择平时互不理解的做法，真正发挥体验的价值。	
环节3： 感同身受	根据选定的主题做情景游戏，如家长督促孩子写作业，家长和孩子互换角色，观察对方在相应场景下的真实反应。	充分发挥孩子的自主性，无论选择何种场景，都应做好角色扮演。	

环节4： 角色还原	家长和孩子还原角色，说一说在刚才的情境中，有什么感受，是否更加理解对方以前的做法和情绪了。 　　在交流中，家长和孩子一起总结出最合适的亲子沟通方式。	作为家长，要关注孩子的情绪反应，找到孩子易于接受的方式和口吻，如注意语气、避免情绪化、多站在对方角度考虑问题等。	
环节5： 达成默契	与孩子商定今后的沟通交流要以恰当、温和的方式进行，遇事多加商量、重在理解，达成良好的沟通效果，建立和谐的亲子关系。	家长的沟通态度和教养方式不可忽视，要做好情绪管理，用恰当的方式进行亲子沟通。	

活动反思

　　实施该活动后，您与孩子的沟通方式发生了哪些变化？您是否更能站在孩子的角度考虑问题了？您与孩子的关系是否更融洽了？

活动延伸

　　您可以选择周末或节假日开展"亲子互换角色"体验日活动。

活动四：为家人画像

家人的喜怒哀乐、言行举止，往往会在其他家庭成员心中留下深刻的印象。"为家人画像"是指家长和孩子分别画一画对方的样子，借助画像呈现的信息，进行有效的沟通，改变家人相处的方式，逐渐改善家人关系。

活动目的
1. 画画自己的一位家人，了解家庭成员带给其他家人的感受，加强交流。 2. 结合画像进行评价，增强家人之间的情感，改善家人相处的方式，构建和谐的家庭关系。
活动准备
物质准备：绘画工具，如纸、笔、橡皮等。 知识准备：阅读《学会陪伴学会爱：家长学堂（三年级）》第5课"交友的正确方式"。以下简要摘录部分内容。 友谊在孩子的成长中发挥着不容忽视的作用，家长在生活中不妨经常和孩子聊聊自己的好朋友。在这个过程中，家长既可以了解孩子在学校的交友情况，又能为孩子交友提供指导。主动和孩子聊天，引导孩子正确认识友谊，鼓励孩子多交朋友，正确解决与朋友之间的矛盾。 配套音频：手机端下载"家长空间"App，搜索文字"引导孩子学会交友"即可免费收听。

活动流程			
步　骤	方　法	要点提示	记录孩子表现
步骤1： 观画导入	选择两张能够表现人物情绪或性格特点的简笔画画像，与孩子一起分析画像传递出来的人物特点，如"这个人的眼睛爱笑，她很温柔""这个人表情沮丧，应该不开心"等。	家长要引导孩子留意画像中能够传递出来的人物情绪等的细节特点，激发孩子观察和绘画的兴趣。	
步骤2： 明确任务	明确作画要求，如每人选择家中一人来画并突出特点等。	任务具体化以便于孩子操作。	
步骤3： 静心作画	引导孩子仔细观察、回忆生活细节，真实表达情感，认真绘画。鼓励孩子运笔大胆流畅，无顾虑，不畏缩，画出心中所想。 家长要在"无意"中仔细观察孩子，用细腻的运笔、严谨的线条勾勒孩子专注的样子。	作画时没有任何限制，不需要互相讨论，凭借自己的观察和第一感觉作画即可。	

步骤4： 借画评价	家长把自己画的"专注的小孩"拿给孩子看，还可以当着孩子的面，看似随意地将画中孩子的良好表现分享给其他家人，除了画作本身，孩子的习惯、品质都是值得夸奖的，这会让孩子产生更多自豪感。	要切实找到孩子的闪光点，结合画像发自内心地进行评价。	
步骤5： 观画交流	家长可以让孩子说一说作画的内心想法，如"妈妈爱笑，所以，我画了弯弯的眉毛""爸爸总是很严肃，所以，我画的嘴角比较平直"等。	对于孩子的解说，家长要心平气和地接受，借此让孩子充分表达对父母的情绪或情感，增加亲子畅谈的机会，改善教养方式。	

活动反思

您是否看到了自己在孩子心目中最真实的模样？您的家人都能为在对方心中留下美好的印象而重视彼此的理解和相互关爱吗？

活动延伸

您可以引导孩子发现亲朋好友或同伴的优点，画出最美的画像，以增进彼此之间的感情。

活动五：家庭课本剧

丰富多样的活动对于融洽亲子关系起到促进作用。孩子在学校里学到的课本故事，可以成为亲子互动的内容。邀请家人一起来表演，既可以增加家长对孩子学习生活的了解，又可以在表演中增进家人之间的情感，密切家人之间的关系。

活动目的
1. 课本剧角色划分及练习，培养孩子的合作意识和沟通能力。 2. 全家总动员，表演课本剧，促进孩子与家人交流，营造和谐的家庭氛围。
活动准备
物质准备：《小兵张嘎》电影片段、课本、表演道具、服装等。 知识准备：阅读《学会陪伴学会爱：家长学堂（三年级）》第21课"课本剧是思维训练的一种形式"。以下简要摘录部分内容。 三年级孩子的思维正处于从具体形象思维向抽象逻辑思维过渡的阶段。家长积极参与学校组织的亲子活动，和孩子一起排演课本剧，可以促进孩子的抽象逻辑思维、想象思维以及创新思维的发展。家长要和孩子一起扮演角色，发展孩子的想象思维；和孩子一起直面困难，挖掘孩子的创新思维；和孩子一起规划活动方案，培养孩子的统筹能力。 配套视频：手机端下载"家长空间"App，搜索文字"排演亲子课本剧中的思维训练"即可免费观看。

活动流程			
步　骤	方　法	要点提示	记录孩子表现
步骤1： 观影导入	家人一起观看《小兵张嘎》电影片段，欣赏人物的出色表演，调动家人参与表演的积极性，突破自我局限，放飞自我，投入角色之中。	家长要表现出极大的热情，调动孩子的兴趣点。	
步骤2： 选定课文	将主动权交给孩子，让其从学过的课文中选取一篇适合演课本剧的叙事性文章。	家长应给予孩子适当的指导，如选择便于对话和表演的文章。	
步骤3： 角色认领	全家总动员，进行角色划分，通过抽签或者民主表决的方式确定每个人适合的角色。	在这个过程中，可以让孩子根据从书本中所学到的知识进行人物分析，并对角色分配提出建议。	
步骤4： 演出准备	家人可以一起对课本剧进行准备，如道具，进行台词、表情、动作等细节的练习。	家长应充分调动孩子的主动性，给予其"导演"的身份和一定指挥权。	

步骤5： 合作演出	全家总动员，表演课本剧，每个人都要全身心投入。 表演结束后，互相评价，要以鼓励、表扬为主。	让孩子感受到家人一起完成一件事的欢愉。	

活动反思

　　您是在与孩子进行民主商量后确定角色的吗？在表演的过程中，您与孩子都全身心投入吗？在合作表演和评价反馈环节，您是否发自内心地感受到快乐和温馨？

活动延伸

　　您可以与孩子共读一本书，并分析书中的人物特点；还可以由孩子当小老师，对在校所学知识进行讲解。

活动六：长辈生日派对

不少孩子认为家人给自己筹办生日宴会是理所应当的，对家人的付出和爱并没有深切的体会。如果让孩子做一次幕后组织者，为长辈组织一次生日派对，那么孩子的感受会有何不同呢？

活动目的
1. 协助孩子进行派对构思，锻炼孩子的组织能力。 2. 向长辈表达祝福，培养孩子的孝心，增强尊老敬老意识。 3. 促膝交流谈感受，在家人的互尊互爱中增强和谐的家庭关系。
活动准备
物质准备：生日派对所需物品。 知识准备：阅读《学会陪伴学会爱：家长学堂（三年级）》第29课"巧借生日聊童年"。以下简要摘录部分内容。 很多家庭中的亲子关系不够紧密，甚至有的家庭中亲情淡漠。父母看到了孩子的童年，孩子却无法理解家长的童年，使得家长与孩子的沟通存在障碍。生活中，巧借家人的生日契机与孩子一起聊聊彼此的童年，敞开心扉沟通能够收到很好的效果。 配套音频：手机端下载"家长空间"App，搜索文字"巧借生日聊童年"即可免费收听。

活动流程			
步　骤	方　法	要点提示	记录孩子表现
步骤1： 影像导入	家中某位长辈生日临近前，借助以往孩子过生日时的照片或视频，引导孩子回忆长辈们为自己精心准备生日派对的过程，体会长辈的用心和关爱，激发孩子主动为长辈组织生日会的愿望。	此次活动不可以让孩子被动接受，而是在动之以情的基础上让孩子主动投入、积极组织。	
步骤2： 构思派对	家长可以和孩子一起把活动的大体流程理出来，具体细节或者创意由孩子补充完整。	这一过程家长无须干涉太多，相信孩子的组织能力，在引导中完善步骤，给予孩子自主权。	
步骤3： 活动准备	让孩子列出物品清单，家长可以加以提醒、补充。 　　陪同孩子购置活动所需物品，协助孩子进行场地布置。	家长配合孩子的创意和需求，引导孩子合理购买所需物品，整个过程以孩子为主，体现孩子的自主性。	

步骤4： 举行生日 派对	举行派对的过程中，让孩子主动邀请长辈，并送上祝福语，晚辈都要表达对长辈的尊敬和感恩。	长辈要对孩子的用心准备和乖巧懂事进行由衷地的表扬，培养孩子的家庭责任感。	
步骤5： 促膝交流	派对结束后，全家要聚在一起交流感受，尤其是要对孩子的"孝心""用心"给予赞美。	评价的过程让孩子找到满足感，明白"给予"带来的快乐。	

活动反思
在与长辈的互动过程中，您是否关注到孩子的"礼仪"能给长辈带来欣喜？活动后，您的家人是否更加在意老人的情绪和感受并主动尊老敬老？孩子对您是否更加有礼貌、会关心您？

活动延伸
该活动还可以延伸到每年特定的节日，如母亲节、父亲节、春节等，全家齐动员，共同策划，让家人感受到爱意。

效果评估

做完本篇活动，效果如何，请对照评估一下吧！

评估维度	描　述	改善明显	有一定改善	改善不明显
家长能力	与家人意见出现分歧时，您能控制住情绪不发火吗？			
	您与家人的沟通交流方式有改善吗？			
家庭关系	您与孩子的关系有明显改善吗？			
	家人之间是否看到彼此更多的优点？			
	您的家庭关系是否更加和谐？			
孩子变化	孩子是否更愿意与您交流心里话？			
	孩子待人接物的文明礼仪是否有改善？			

家庭环境篇

良好的家庭环境是孩子身心健康发展的前提。丰富有趣的家庭物品能够激发孩子的探索欲望，安静明亮的读书角有利于改善孩子的学习状态，整洁有序的家庭环境能让家人拥有好心情……为了家人的幸福和孩子的健康，家长应如何打造良好的家庭环境呢？

本篇活动涵盖家庭物品布置、家人劳动分工、阅读氛围营造、生活习惯养成等方面，旨在引导家长以身示范，和孩子共同营造良好的家庭环境，给孩子良好的环境熏陶。

小测验

下列哪些描述与您的情况相符，请在"判断"框内打"√"。

序 号	题 目	判 断
1	我的家里能够保持干净整洁、物品摆放整齐有序。	
2	我与爱人都十分重视家庭环境的创设，家中绿植养护较好。	
3	我与孩子经常一起参与家庭劳动。	
4	我与爱人均有良好的物品归置习惯。	
5	我十分重视为孩子创设安静有序的阅读环境。	
6	孩子有固定的书房，并坚持独立整理，书本摆放有序。	
7	我们经常与孩子一起进行旧物改造，环保意识强。	
8	我们摆放家具和生活用品时，会巧妙设计实现空间利用最大化。	
9	我们家中有很多学习类书籍。	
10	我与爱人在孩子面前不会玩手机或电子游戏。	

结果解释

8~10个 "√"，表示您的家庭环境良好，请继续保持。

4~7个 "√"，表示您的家庭环境一般，有改善的空间。

1~3个 "√"，表示您的家庭环境有待改善。

活动一：整理小房间

很多小学生的房间凌乱无序，衣物、玩具乱堆乱放，书本丢三落四，不仅生活上没有秩序，也影响良好学习习惯的养成。整理房间是锻炼孩子自理能力、培养孩子良好习惯的重要途径，家长要引导孩子从整理房间开始，在自我管理、自我服务中不断成长。

活动目的
1. 从整理自己的房间开始，创设整洁干净的生活学习环境，感受环境的整洁美。 2. 通过举行家务劳动比赛，锻炼孩子的自理能力，培养生活、学习好习惯。 3. 和孩子一起商定家务劳动规则，培养孩子的家庭责任感。
活动准备
物质准备：卫生工具，如抹布、笤帚、垃圾桶等。 知识准备：阅读《学会陪伴学会爱：家长学堂（一年级）》第29课"独立从整理房间开始"。以下简要摘录部分内容。 很多一年级的孩子，书包里乱七八糟，房间杂乱无序，衣物乱丢乱放，其实都是缺乏自理能力的表现。家长要引导孩子从整理房间开始，在家务劳动中锻炼能力，培养习惯，体验成长。 配套音频：手机端下载"家长空间"App，搜索文字"独立从整理房间开始"即可免费收听。

活动流程			
步　骤	方　法	要点提示	记录孩子表现
步骤1： 调动积极性	想方设法调动孩子整理房间的积极性，如策划一次家务劳动比赛等。	家长适当降低速度，给孩子树立自信。	
步骤2： 明确任务和标准	明确整理任务和标准，如床铺要平整，被子叠放整齐，书桌、地面清扫干净，书本摆放整齐，玩具收纳好。这样，把任务具体化之后，孩子整理起来才更有目的性。	有些标准可以让孩子自己定，比如哪里是游戏区，哪里是玩具收纳区。充分发挥孩子的自主性。	
步骤3： 示范和鼓励	家长整理家长的房间，孩子整理孩子的房间。在整理的过程中，可以给孩子提供一定的指导和建议。	孩子一开始可能会做不好，家长要耐心指导、示范和鼓励，引导孩子一步一步来。	
步骤4： 合理评价	注重过程性评价，善于发现孩子的每一点进步，如"你的书桌擦得真干净""你能将玩具分类收纳，主意很棒"，评价要具体。	要切实找到孩子的优点，发自内心地进行评价。孩子能感受到哪句话是真心的，哪句话是敷衍的。	

	还可以当着孩子的面，看似随意地将孩子的良好表现分享给其他家人，孩子会感受到更多的自豪感，增强主动整理房间的动力。		
步骤5： 持之以恒 形成习惯	与孩子商定多长时间打扫一次房间卫生，并予以坚持。 平时提醒孩子用完的物品及时放回原处，这样才能确保房间整洁有序。	家长的示范作用不可忽视，只有家长具备爱整洁、规律的生活习惯，孩子才能养成好习惯。	

活动反思

您的家中经常保持干净整洁的样子吗？您与孩子是否约定了共同参与家务劳动的时间？孩子"物归原处"的习惯是否有了更好的改善？

活动延伸

您可以让孩子从事更多和"整理"有关的活动，如整理小书包、洗刷碗筷、收拾玩具、参加班级劳动等。

活动二：动手装饰家

很多家长觉得孩子年龄小，平时什么活儿都不让孩子做，事事家长代办，孩子动手的机会少，动手实践能力也有限。家长引导孩子一起装饰小家，既可以打造温馨舒适的生活环境，又能在分工劳动中培养孩子的合作能力，让孩子体验到劳动的价值。

活动目的
1. 民主敲定家庭环境改造方案，家长和孩子一起体验亲子合作的乐趣。
2. 家长和孩子共同装饰，给家变个样，营造干净整洁、美观舒适的家庭环境。

活动准备
物质准备：装饰材料，如绿植、摆件、拉花等。
知识准备：阅读《学会陪伴学会爱：家长学堂（一年级）》第35课"和孩子一起感受年味"。以下简要摘录部分内容。
每逢春节，往往是孩子们最高兴的时候，看春晚、吃年夜饭、放烟花、穿新衣、串亲戚、拿压岁钱，却很少有孩子关注家长为过春节付出的辛勤劳动，如打扫卫生、走亲访友、做一日三餐。家长往往只关注孩子假期作业的完成情况，却忽视了抓住春节这一契机，培养孩子感受春节文化。其实，家长可以让孩子参加扫尘增愉悦，置办年货长见识，分工合作装饰家。
配套视频：手机端下载"家长空间"App，搜索文字"和孩子一起品尝年味"即可免费观看。

活动流程			
步　骤	方　法	要点提示	记录孩子表现
步骤1：激发兴趣	家人畅谈对"家"的改造想法，让孩子对家庭环境产生改变的愿望。	家长要创设轻松愉悦的环境。	
步骤2：敲定方案	家人交流各自的想法和改造建议，如贴什么样的墙纸、养什么品种的绿植、家具如何优化布置等。大家充分讨论，民主表决，敲定装饰方案。	有些装饰可以让孩子自己定，比如哪里增加摆件，哪里增加绿植，充分激发孩子的创造性和参与积极性。	
步骤3：备齐材料	根据最终设计方案，家长与孩子一起购置装饰材料。引导孩子货比三家，有预算意识，学会合理消费。	在这个过程中，家长起到协助和保护的作用，给孩子创造更多交流和采购的机会，锻炼其社交能力，体验成就感。	
步骤4：合作装饰	引导孩子根据设计方案和置办的材料，合理分工，进行装饰，如爸爸负责移动书桌，妈妈负责整理沙发，孩子负责将书分类放好等。	家长要全力协助孩子，帮助孩子打造理想中的家。	

| 步骤5：欣赏装饰 | 装饰结束后，全家一起对"新家"进行评价，如"书房摆上这株绿植真漂亮""孩子选的这个摆件很好看"等。 | 以给家变个样为契机，让孩子体验作为家中一分子的责任感和幸福感。 | |

活动反思

实施该活动后，您是否更加喜欢家里的环境？您与孩子的审美水平是否有所提升？孩子是否表现出"爱家美化家"的主动愿望？

活动延伸

家长还可以引导孩子在重要节假日对家进行装饰，如春节、中秋节、儿童节等重要节日。

活动三：管理"责任田"

当下，不少家庭重知识教育轻劳动教育，造成孩子"四体不勤，五谷不分"，好吃懒做，缺乏家庭责任感。管理"责任田"，是为每一位家人，包括孩子，开辟一处家庭责任区，定期打扫，互相评比，培养孩子良好的劳动习惯，增强孩子参与家务劳动的责任感和荣誉感。

活动目的
1. 交流期待中"责任田"的样子，明确管理标准，培养孩子良好的卫生习惯。 2. 认领"责任田"，定期维护，培养孩子的家庭责任感和吃苦耐劳的精神。
活动准备
物质准备：白纸、笔、卫生工具、"责任田"评分表等。 知识准备：阅读《学会陪伴学会爱：家长学堂（三年级）》第27课"在大扫除中培养孩子的责任感"。以下简要摘录部分内容。 在全家大扫除中，家人既有合作，又有分工，有的打扫厨房，有的清扫卫生间，有的拖地擦桌子，都为这个家的整洁、干净尽份力。对于孩子来说，这是一次很好的家庭责任感教育契机。 配套音频：手机端下载"家长空间"App，搜索文字"全家一起大扫除"即可免费收听。

活动流程			
步　骤	方　法	要点提示	记录孩子表现
步骤1：认领	以家庭会议的形式划分家庭成员"责任田"并认领，让孩子对管辖区域拥有责任意识。	家长要重视仪式感，对"责任田"进行区域标识。	
步骤2：畅谈	认领"责任田"后，家长与孩子互相交流心中所期待的"责任田"的最佳样态，如干净整洁、美观、不出现杂物等。畅谈规划，然后明确管理标准。	有些标准可以让孩子自己定，比如，爸爸的"责任田"应达到什么标准，充分发挥孩子的自主性和监督意识。	
步骤3：整理	家长和孩子分别整理自己的"责任田"，每天定时维护，晚上睡觉前完成"责任田"的相关任务。	孩子一开始可能会做不好，家长要耐心指导、示范和鼓励，引导孩子一步一步来。	
步骤4：评比	临睡前，全家一起对每个成员的"责任田"进行评比打分。每周开一次家庭会议对"优秀责任田负责人"进行表彰，让孩子充分体验到劳动的成就感和乐趣，增强主动参与劳动的动力。	要切实找到孩子的优点，发自内心地进行评价。	

| 步骤5：
保持 | 与孩子商定下一阶段管理"责任田"的计划，并约定评比时间，随时整理，保持整洁。 | 将良好的行为坚持下去才能成为持之以恒的习惯，计划的执行和阶段性评价必不可少。 | |

活动反思

　　您与孩子按照约定时间定期整理"责任田"吗？当被评为"优秀责任田负责人"的时候，您与孩子是否共同庆祝或互相赞赏彼此？孩子的劳动习惯是否有所改善？

活动延伸

　　该活动还可以延伸到让孩子参与家庭大扫除和班级卫生管理等其他劳动内容中。

活动四："一起"上书房"

当前，语文课程改革对学生的阅读提出了新的要求，家长普遍关注孩子阅读能力的发展。不过，不少家长只是一味地要求孩子多读书、静心读书，自己却不读书。父母是孩子最好的榜样，家长要和孩子一起"上书房"，一起"悦"读，才能更好地激发孩子的阅读兴趣，与孩子一起收获，一起成长。

活动目的
1. 坚持阅读打卡，让阅读成为家庭日常活动的一部分，打造书香家庭。
2. 共同装饰书房，创造仪式感，培养阅读兴趣，营造良好的学习氛围，建设学习型家庭。
活动准备
物质准备：阅读计划表、书籍。
知识准备：阅读《学会陪伴学会爱：家长学堂（二年级）》第35课"家校共读培养阅读兴趣"。以下简要摘录部分内容。
家长越来越意识到阅读对于孩子的重要性，但孩子阅读习惯的养成仅仅靠老师的引导和调动是不够的，需要家校携手，发挥家长潜移默化的作用，坚持亲子共读，建设书香家庭。可以选择合适的阅读书目，在家庭中亲子共读。
配套音频：手机端下载"家长空间"App，搜索文字"家校共读培养阅读兴趣"即可免费收听。

活动流程			
步　骤	方　法	要点提示	记录孩子表现
步骤1： 布置环境	亲子共同装饰书房，在适宜的阅读氛围中商定阅读形式，全家共同参与，调动孩子的阅读积极性。	要营造仪式感，让孩子知道全家都很重视阅读习惯的养成。	
步骤2： 制订计划	全家要求商量并制订计划，计划简单易操作，可包括读书时间、读书内容、读书形式（各自读还是亲子共读）等。	商定后，将纸质版计划表张贴在书房显眼的位置。	
步骤3： 打卡约定	家人共同参与制作打卡区，如姓名、时间、是否坚持阅读、"小粘贴"粘贴区。明确奖罚标准，如不按时阅读者，得不到粘贴；按照计划坚持阅读一天，得到一个粘贴等。	规则定好后，家长一定要以身作则，陪孩子全身心阅读。	
步骤4： 分享交流	在阅读过程中，可以增加家人交流和分享的时间，提升孩子的表达能力，并借此了解阅读效果，如我读到了一个好词；有个故事让我很喜欢等。	家长的分享应该关注孩子的理解能力，切忌太深奥。	

| 步骤5：
打卡评比 | 全家一起坚持阅读打卡，每周进行一次"阅读明星"的评比，并进行奖励；每月进行"阅读达人"的评比，可实现一次个人愿望。 | 家长的示范作用不容忽视，亲子共同养成阅读的习惯，比追在孩子后面让他读书事半功倍。 | |

活动反思

　　为培养孩子的阅读习惯，您做出的最大改变是什么？在亲子共读的过程中，您是否能给予孩子准确的引导和有效的帮助？您与孩子的阅读习惯都有改善吗？

活动延伸

　　该活动还可以延伸到班级中，请家长与孩子一起到班级分享读书心得。

活动五：家庭旧物DIY

提到"变废为宝，旧物利用"，家长已经十分熟悉。随着人们生活水平的提升，每个家庭都会产生一些闲置的、废弃的物品。旧物改造不仅可以达到变废为宝的目的，还可以增强孩子的环保意识，培养创新思维，锻炼智力。

活动目的
1. 旧物DIY，提高孩子的动手实践能力。 2. 发现更多可以改造的旧物，设计更多的新产品，培养孩子的环保意识和创新能力。

活动准备
物质准备：废旧物品，如废旧纸箱、衣物、纸杯、纽扣等。 知识准备：阅读《学会陪伴学会爱：家长学堂（三年级）》第40课"鼓励孩子参加志愿服务活动"。以下简要摘录部分内容。 我们身边也有这么一群人，他们不计时间与精力的付出，不计报酬与得失，在关心他人、服务社会的道路上行走着，他们就是志愿者。家长要了解、引导和帮助孩子走近志愿服务，以身作则，培养孩子的志愿服务意识；鼓励孩子参与志愿服务活动。 配套音频：手机端下载"家长空间"App，搜索文字"鼓励孩子参加志愿服务活动"即可免费收听。

活动流程			
步　骤	方　法	要点提示	记录孩子表现
步骤1： 确定目标	从网上检索，寻找一个目标模型，与孩子一起探讨如何借助家中的材料制作成品。明确旧物DIY的做法和需要准备的材料，想想作品有什么用途。	重在兴趣引导，如制作拔萝卜、小虫滑梯等。	
步骤2： 准备环节	家长与孩子一起准备材料，如剪子、布片、纸盒、胶带、针线等。	本着孩子自主、家长辅助的原则，充分发挥孩子的能动性。	
步骤3： 设计分工	备齐材料后，亲子共同商量制作过程，并进行合理分工，如谁负责模型设计，谁负责裁剪，谁负责美化等。	分工明确，以孩子动手制作为主，家长做好辅助，并确保工具使用的安全。	
步骤4： 手工制作	选择合适的时间，全家一起参与旧物改造。可以根据实际情况，由家人进行充分讨论；可以改变原有的设计思路，制作最满意的作品，如，"这个小装饰换成黄色的会更好看"等。	在这个过程中，家长尽量修正作品的细节，提高成品的质量，给予孩子成就感。	

| 步骤5：成品展示 | 对手工作品进行激励性评价，启发孩子发现更多可改造的旧物，设计更多的新产品。 | 要切实找到孩子的优点，进行有针对性的评价，提高孩子内心的"原动力"，激发孩子自觉的环保意识。 | |

活动反思

　　您的家中是否多了很多"自制成品"？您与孩子是否有了更多亲子共处的时间和机会？孩子的环保意识是否有所增强？

活动延伸

　　该活动可以延伸到让孩子对旧物改造后的作品进行义卖，将所得的钱进行捐赠，达到实现"环保意识"和"善心之举"的双重教育目的。

活动六：家的平方

人可以创造环境，环境也可以塑造人，有效的收纳整理可以让固定面积的家"变"得更大、更宽敞。整洁宽敞的家庭环境，不仅可以让家人神清气爽，还可以在行动中培养孩子的劳动意识，锻炼孩子的自理能力，学会合理规划，让家庭环境变得舒适宜居。

活动目的
1. 开启劳动活动，锻炼孩子的劳动能力、自理能力，养成良好的生活习惯。
2. 为房间划分功能区，让孩子在活动中学会物品收纳与摆放，实现空间利用最大化，美化家庭环境。

活动准备
物质准备：收纳箱等工具、纸、笔、荣誉勋章。
知识准备：阅读《学会陪伴学会爱：家长学堂（二年级）》第18课"引导孩子做自己物品的主人"。以下简要摘录部分内容。
责任心不是与生俱来的，需要从小培养，责任心表现在方方面面，认真对待自己的物品，把自己的物品保管妥当，也是孩子责任心的表现之一。家长要树立榜样示范作用，帮助孩子培养良好的生活习惯。
配套视频：手机端下载"家长空间"App，搜索文字"教孩子做物品的主人"即可免费观看。

活动流程			
步　骤	方　法	要点提示	记录孩子表现
步骤1： 巧用仪式	在整理活动开始前，进行一场正式且有趣的开启仪式，如为孩子赠送、颁发收纳箱或手套等活动用具。	以激励性话语激发孩子整理的欲望，调动孩子的积极性。家长应提前拍下整理前的照片，以备与整理后进行对比。	
步骤2： 明确步骤	为房间划分功能区，思考每个功能区需要收纳哪些物品、如何摆放。将功能区划分及物品分类列成清单，制作整理步骤图，明晰整理物品的内容与顺序。	可以和孩子商定房间有哪些功能区，制定整理标准。孩子作为"小管家"，能体验到成就感。	
步骤3： 整理行动	依据清单，分头行动。孩子完成"学习区"的收纳整理，家长完成"生活区"的收纳整理。	对于操作生疏的孩子，家长可以适当协助，不要挫伤孩子的自信心。	

步骤4： 及时记录	家长可以随机拍下整理时的照片，进行对比，了解收纳整理、空间得以最大化利用、房间焕然一新的感觉。 家长可以将孩子在劳动中认真、投入的照片展示给家人看，可向孩子颁发荣誉勋章进行奖励。	仪式感贯穿始终，以让孩子内心有满满的成就感和自豪感。	
步骤5： 持之以恒	坚持21天，每天完成一个收纳小任务，如整理厨房、整理衣柜等。通过一些小游戏增加整理房间的乐趣，如组织收纳整理比赛。 共同商定"家庭收纳日"，在固定时间进行整理行动，让保持整洁成为一种习惯。	让孩子意识到养成物归原位的习惯后，收纳整理就能节约时间，以快速实现房间的整洁有序。	

活动反思

　　您的家中物品摆放是否更有序？您与孩子是不是感觉活动空间变大了、心理舒适度更强了？在亲子互相监督中，孩子的收纳能力是否得到了极大的改善？

活动延伸

　　您可以鼓励孩子通过手抄报等形式，参加"班级空间最大化"创意大赛。

效果评估

做完本篇活动，效果如何，请对照评估一下吧！

评估维度	描　　述	改善明显	有一定改善	改善不明显
家长能力	您关注孩子劳动能力的意识有所改善吗？			
	您对家庭环境的美化意识有所改善吗？			
家庭环境	家庭环境的整洁度有明显改善吗？			
	您与孩子的分工合作效果有明显改善吗？			
	家中物品的利用率有明显改善吗？			
孩子变化	孩子参与家务劳动的积极性有提高吗？			
	孩子能保持自己的房间整洁吗？			
	孩子能保持书包内物品有序放置吗？			

品行塑造篇

人无德不立，良好的品行是孩子将来走上社会的立身之本。我国素以礼仪之邦著称，自古以来都非常重视对孩子的品行教育。家长应传承传统美德，从小培养孩子优良的品行，促进孩子更好地成长。

小学低年级是儿童品格与行为习惯养成的关键期，家长的言行和教育方式对孩子的品行养成起着至关重要的作用。家长应如何教育孩子做人，做什么样的人，怎样使孩子更好地立足于现实社会，值得深思。

本篇活动涵盖待人接物之道、生活习惯养成、时间意识培养等方面，旨在帮助家长学会通过生活中的点滴小事塑造孩子的良好品行，促进孩子全面发展。

小 测 验

下列哪些描述与您的情况相符，请在"判断"框内打"√"。

序 号	题 目	判 断
1	我和爱人都很注重自身的言行，给孩子正确的示范和引导。	
2	我注重培养孩子养成"今日事今日毕"的习惯，教育孩子做事不拖拉。	
3	如果孩子说谎，那么我会分析说谎的原因，而不是简单批评。	
4	当孩子做错事时，我尽量选择孩子易于接受的方式进行批评教育。	
5	吃饭时，我会引导孩子主动帮忙端饭端菜，让长辈先坐先吃。	
6	当发现自己错误地批评了孩子时，我会主动认错并跟孩子道歉。	
7	我不会在孩子面前说别人的坏话。	
8	我不会当着孩子的面与他人吵架。	
9	待客前，我会和孩子一起做好待客准备，并教给孩子待客之道。	
10	到邻居家做客前，我会教给孩子做客礼仪。	

结果解释

8~10个"√"，表示您在孩子的品行教育方面做得较好，请继续保持。

4~7个"√"，表示您在孩子的品行教育方面做得一般，有提升的空间。

1~3个"√"，表示您在孩子的品行教育方面有待提升。

活动一：招待小客人

有客人来家里做客，有的孩子很兴奋，表现得像个"人来疯"；也有的孩子胆小拘谨，甚至躲在一旁。接待客人，是培养孩子交往能力和进行礼仪教育的重要时机。家长要引导孩子学会如何招待客人，在相互尊重、平等交流中学习交往礼仪。

活动目的
1. 在待客中让孩子学会分享和管理自己的物品。
2. 引导孩子学会待客的基本礼仪，培养孩子的文明交往习惯。

活动准备
物质准备：整理客厅，洗净茶杯，准备玩具、图书、糖果等。
知识准备：阅读《学会陪伴学会爱：家长学堂（二年级）》第24课"孩子不合群怎么办"。以下简要摘录部分内容。
有些孩子不愿意和别的小朋友玩，喜欢独来独往，这种不合群的表现会给孩子学习和生活带来很多影响。有的家长忧心忡忡，担心孩子的未来；有的家长又气又急，埋怨孩子不懂事。面对不合群的孩子，家长应该这样去做：家长要为孩子营造温馨幸福的家庭氛围；采取正确的教养方式教育孩子；教给孩子必要的社交技巧。
配套音频：手机端下载"家长空间"App，搜索文字"孩子不合群怎么办"即可免费收听。

活动流程			
步　骤	方　法	要点提示	记录孩子表现
步骤1： 待客准备	家长教给孩子正确的待客礼仪，如着装整洁大方，整理好客厅，准备好干净的茶杯、玩具、图书、糖果等待客物品，客人来到时主动迎接，待客过程中亲切交流等。	可以让孩子自己想一想作为小主人，在小客人来之前需要做哪些准备，家长再补充。	
步骤2： 迎接小客人	当小客人来访时，引导孩子在打开门后，热情地说："你好，请进！"如果小客人带来了礼品，那么应表示谢意。小客人进门后，孩子要主动让座，双手端茶水给客人。	家长要培养孩子的迎客礼仪。	
步骤3： 招待小客人	引导孩子主动招呼小客人一起玩，与小客人分享玩具或图书，拿糖果招待小客人，相互谦让，友好交流。 　如果发生小客人与孩子争夺玩具的矛盾，那么要引导孩子学会分享，但也不能一味退让，要学会维护物品的所有权。	当孩子和小客人玩耍时，家长不要过多掺和，否则孩子对家长会产生依赖心理。 　在接待小客人时，要给孩子自我锻炼的机会。	

步骤4: 送别小客人	如果客人带来了礼品，那么家长应该告诉孩子在送客时适当回赠礼物。小客人走时要送到门口，并表示欢迎下次再来。	回赠什么礼物合适，家长可以提前给出建议。	
步骤5: 待客总结	客人走后，要及时总结孩子本次待客的表现，以表扬为主，也可针对孩子的表现提出具体建议，如引导孩子在给客人端水时，双手奉上会更有礼貌。	家长总结前，鼓励孩子先自我反思哪些地方做得好，哪些地方存在不足。	

活动反思

实施该活动后，孩子的待客礼仪有提升吗？具体表现在哪些地方？您在待客时是怎样给孩子做榜样的？

活动延伸

当同事或长辈来做客时，您也可以和孩子一起接待，让孩子懂得招待不同年龄、不同身份的人的待客礼仪是有所不同的，以引导孩子进一步学习待客礼仪。

活动二：整理小书包

　　很多孩子不会整理书包，书包里物品凌乱，书本也经常折损。其实，对孩子来说，整理书包并不是一件小事。家长要耐心引导孩子，慢慢学会整理书包，从小养成自我管理的习惯，同时培养孩子的条理性思维。

活动目的
1. 让孩子了解书包的结构和使用方法，学会整理小书包。 2. 培养孩子爱护小书包的意识和习惯。

活动准备
物质准备：书包、文件夹、文件袋、纸巾等。 　　知识准备：阅读《学会陪伴学会爱：家长学堂（一年级）》第30课"教孩子自己收拾书包"。以下简要摘录部分内容。 　　很多孩子上一年级了，还不会收拾、整理书包，每次完成作业后都需要家长帮忙，这使孩子缺乏自理能力。家长可以言传身教，注重细节，持之以恒地帮孩子养成好的整理习惯。 　　配套视频：手机端下载"家长空间"App，搜索文字"教会孩子自己收拾小书包"即可免费观看。

活动流程			
步　骤	方　法	要点提示	记录孩子表现
步骤1：激发兴趣	引导孩子想一想并说一说书包里装着什么，书包里的物品应该怎样分类。	在问答中调动孩子整理书包的积极性，同时将书包里的物品归类，如学习用品、生活用品等。	

步骤2： 了解书包的结构及用途	引导孩子了解书包的结构和用途：书包外面有两根背带和两个侧兜，里面有夹层，夹层有大有小。 书包的物品可以按照学习用品的大小进行放置，这样方便取、放，也不易损坏。侧兜可以放常用物品，如纸巾、手绢、水杯等。	引导孩子整体认识书包的内外结构及每一部分的用途。
步骤3： 整理小书包	让孩子将书包中的物品全部取出并进行分类，引导孩子想一想这些物品放在书包哪个位置合适。试着把这些东西有序放进书包里。整理完后，家长和孩子一起总结整理书包的技巧和方法。	提醒孩子将学习用品与生活用品分开，易折的书本和练习册可以分科放到文件袋里。不常用的书本可以放在家里，给书包减负。

步骤4： 总结评价	认真观察孩子整理书包的过程，善于发现孩子的每一点进步，注重进行过程性评价，如"你能将学习用品和生活用品分类收进书包，很会整理"，评价要具体。	在孩子整理书包的过程中，家长要认真观察。	
步骤5： 爱护小书包	与孩子讨论爱护书包的方法，并提醒孩子保持每天整理书包、爱护书包的好习惯。	提醒孩子书包要轻拿轻放；不能在书包上乱涂乱画；书包脏了要及时清洗等。	

活动反思

孩子在整理书包时，有没有很好地进行分类整理？经过您的指导，孩子在整理书包和爱护书包方面有哪些进步？

活动延伸

书桌是孩子的重要学习区域，保持书桌整洁有利于提高孩子的学习效率。所以，您也可以帮助孩子学会分类整理书桌上的物品，并提醒孩子每天保持书桌的整洁。

活动三：体验一分钟

英国军事理论家托富勒有句名言："善于掌握时间的人，是真正伟大的人。"低年级孩子做事拖拉的现象随时可见：起床穿衣磨叽，写作业磨蹭等，无形中浪费了许多宝贵时间。

"体验一分钟"活动，既能锻炼孩子管理时间的能力，又能增强孩子珍惜时间的意识。家长可以借助本活动引导孩子体验一分钟的价值，认识时间的宝贵。

活动目的
1. 让孩子认识时间，培养孩子珍惜时间的观念。 2. 提高孩子的时间管理能力，提高做事效率。 3. 增强孩子珍惜时间、热爱生命的意识。
活动准备
物质准备：图书、两支铅笔、田字格本、两根跳绳等。 　　知识准备：阅读《学会陪伴学会爱：家长学堂（一年级）》第31课"和孩子一起制订作息计划"。以下简要摘录部分内容。 　　进入小学，孩子开始系统地学习文化知识，需要养成良好的学习习惯、行为习惯和规则意识，也需要充足的睡眠让孩子健康成长。家长可以重点帮助孩子适应新的环境、培养良好的学习习惯；跟孩子一起调整作息时间，培养作息习惯，适应小学生活。家长应该制定作息时间表，用闹钟代替家长，培养孩子的规则意识。 　　配套音频：手机端下载"家长空间"App，搜索文字"一起制定入学后的作息计划表"即可免费收听。

活动流程			
步　骤	方　法	要点提示	记录孩子表现
步骤1： 激发兴趣	引导孩子想一想并说一说一分钟有多长。	启发孩子对时间进行思考。	
步骤2： 感受一分钟的长度	家长计时，让孩子安静坐下，闭上眼睛，感受一分钟的长度，让孩子觉得一分钟很长。 给孩子播放一分钟的视频，让孩子觉得一分钟很短。	引导孩子了解做不同的事时对一分钟长短的体验不同，关键在于发挥每一分钟的价值。	
步骤3： 体验一分钟的价值	引导孩子思考一分钟能做什么。家长可以和孩子比赛一分钟看书、一分钟写字、一分钟跳绳等。让孩子体验一分钟的价值，学会珍惜时间，充分利用每一分钟。	让孩子意识到一分钟时间看似不起眼，其实可以做很多事情。	
步骤4： 充分利用一分钟	让孩子说一说，怎样才能利用好每一分钟时间，如制定作息时间表、制定日程安排、学会利用零散的时间、提高学习和做事效率等。	家长可以根据孩子的回答进行适当补充，帮助孩子树立时间观念。	

| 步骤5：
提高效率，
珍惜时间 | 与孩子商定：做事不磨蹭，管理好自己的每一分钟，养成珍惜时间的好习惯。 | 家长是孩子的榜样。家长平时管理好自己的时间，孩子才能珍惜时间，学会进行时间管理。 | |

活动反思

实施该活动后，孩子在珍惜时间方面有哪些良好表现？您在珍惜时间方面是怎样为孩子做榜样的？

活动延伸

还可以让孩子体验一小时、一天或一周的时间长短，如指导孩子制作一份"一小时任务书""一天时间安排表"或"第（　）周时间规划表"，在此过程中，家长要提供适当帮助，让孩子慢慢学习进行时间管理。

活动四：做客邻居家

到邻居家做客既能增进邻里感情，又能锻炼人际交往能力。很多孩子在别人家表现得比较随意，只求玩得尽兴。但作为客人，应该懂得做客礼仪。如果不懂规矩，触碰了主人家的禁忌，那么往往会导致出现尴尬的场面。家长要教孩子懂规矩，并在做客中践行做客礼仪。

活动目的
1. 使孩子学会做客的文明礼仪，如主动问好、不争抢玩具、不随便翻别人家的东西等。 2. 锻炼孩子的人际交往能力。
活动准备
物质准备：衣着整洁得体，并给邻居准备一份小礼物。 知识准备：阅读《学会陪伴学会爱：家长学堂（二年级）》第17课"引导孩子宽以待人"。以下简要摘录部分内容。 宽容是一种美德，更是一种智慧。如果家长能让孩子在生活中学会宽容别人，就能帮助孩子成为一个懂得尊重、理解、欣赏别人的人，找到与人沟通交流的金钥匙。 配套资料：手机端下载"家长空间"App，搜索文字"教孩子学会宽以待人"即可免费观看视频；搜索文字"家长该怎样教育孩子宽以待人"即可免费阅读图文。

活动流程			
步　骤	方　法	要点提示	记录孩子表现
步骤1： 做好做客 准备	引导孩子衣着得体，并为邻居精心准备一份小礼物，如甜点、水果、玩具等。	孩子准备礼物的过程中，家长可以适当给出建议，提供帮助。	
步骤2： 学习做客 礼仪	引导孩子学习做客常识和文明礼仪，如进门先问好；讲究卫生；不乱翻别人家的东西；不和邻居家的孩子抢玩具；大人在一起说话时，小朋友可以在一边玩；等等。	有些做客礼仪可以让孩子自己想，充分发挥孩子的自主性。	
步骤3： 做客邻居家	带孩子去邻居家做客，观察孩子的言行举止，关注孩子的做客礼仪。家长也要以身示范，给孩子做榜样。	如果发现孩子哪里做得不好，尽量不要当着邻居的面批评教育，可以回家后指出。	

| 步骤4：
交流做客
感受 | 回到家后，引导孩子说一说去邻居家做客的感受，家长适时指出孩子的良好表现，如"你进门先问叔叔阿姨好，很有礼貌""你想玩别人的东西时，能先征求意见，阿姨夸你懂礼貌"。 | 对于孩子做得好的方面，家长要进行表扬；对于做得不好的地方，家长应再次进行礼仪教育。 | |

活动反思
实施该活动后，孩子在做客时有哪些良好的表现？您在做客时是怎样为孩子做榜样的？

活动延伸
该活动还可以延伸到带孩子参加小型聚会。和孩子一起做好准备，包括仪容仪态、文明礼仪、礼物等。在参加聚会过程中观察孩子的表现，回家后及时做总结，通过锻炼，不断提升孩子的人际交往能力。

活动五：工作我跟班

多数小学生只知道家长每天都去上班，但家长具体做什么工作他们并不清楚，也体会不到家长工作的辛苦。跟爸爸妈妈去上班，来一场职业体验，是孩子体验父母工作的辛劳、了解社会的一个重要窗口。家长要引导孩子从职业体验开始，培养社会责任感和生涯规划意识。

活动目的
1. 引导孩子在家长的职业体验中，体谅家长工作的辛苦。 2. 引导孩子发现学习的重要性，培养职业生涯规划意识。 3. 引导孩子初步感受职业幸福感，培养社会责任感。
活动准备
物质准备：铅笔、笔记本等。 知识准备：阅读《学会陪伴学会爱：家长学堂（三年级）》第1课"帮孩子认识多姿多彩的我"。以下简要摘录部分内容。 三年级的孩子开始探索自己是一个什么样的人，但他们对自我的认识往往有所偏差，不够全面。因此，帮助孩子正确认识自我、评价自我和悦纳自我，是家长在这一时期需要关注的重要事情。 配套音频：手机端下载"家长空间"App，搜索文字"帮孩子认识多姿多彩的我"即可免费收听。

活动流程			
步　骤	方　法	要点提示	记录孩子表现
步骤1： 激发兴趣	和孩子聊一聊工作，如问孩子长大后最想做什么工作，以及为什么想做这样的工作。适时发出邀请："想不想体验一下妈妈（或其他家人、朋友）的工作？"	调动孩子进行职业体验的积极性。 　　本活动以体验妈妈的工作为例，也可换成体验其他家人或朋友的工作。	
步骤2： 明确任务	明确职业体验任务：参观妈妈的工作单位，了解妈妈一天都做哪些工作？几点上班，几点下班，中午有多长休息时间？每天需要接打多少电话？ 　　告诉孩子去妈妈上班的地方要遵守那里的工作纪律，不能大声喧哗、不能随便吃东西等。	问问孩子想了解妈妈工作的哪些方面，可以提前自制表格，方便记录。	

步骤3： 示范鼓励	妈妈边工作边给孩子示范，可以让孩子力所能及地帮忙。引导孩子留心观察妈妈的工作内容、工作时间，并及时记录。 　　最后可以在工作场所合影留念。	孩子在进行跟班职业体验的过程中，家长要认真观察其表现。	
步骤4： 交流总结	跟班结束后，家长引导孩子交流自己的跟班体验，及时表扬孩子在职业体验中的良好表现，也可以结合孩子的表现提出建议。	在交流中，家长引导孩子说一说自己体验到的职业幸福感，初步培养孩子的社会责任感。	

活动反思

　　实施该活动后，孩子是否初步树立了生涯规划意识？您是如何通过此次职业体验培养孩子的社会责任感的？

活动延伸

　　您还可以带孩子体验其他职业，在不同职业体验中，可以增强孩子的社会参与感，培养孩子的生涯规划意识和社会责任感。

活动六：我是小法官

孩子在与同伴的交往中时常会遇到各种矛盾，如果处理不当，则容易发生更多争执，加深误会。让孩子当"小法官"能培养孩子明辨是非、解决矛盾的能力。家长要引导孩子平静面对矛盾，理性判断对错，真诚沟通，提高与同伴合作交往的能力。

活动目的
1. 提高孩子明辨是非的能力。 2. 提高孩子独立处理矛盾的能力，以及与同伴合作交往的能力。
活动准备
物质准备：日常生活中孩子之间发生矛盾的案例、绘本《敌人派》。 知识准备：阅读《学会陪伴学会爱：家长学堂（三年级）》第15课"让孩子勇于面对错误"。以下简要摘录部分内容。 很多孩子犯错后会遭到严厉的批评，身心受到极大的打击，孩子也因此容易出现推卸责任、不敢承认错误的现象，家长应该给孩子冷静思考的空间，给孩子辩解的机会，指导孩子正确面对错误。在家庭中模拟小矛盾，来一场"我是小法官"的游戏。 配套图文：手机端下载"家长空间"App，搜索文字"如何让孩子敢于面对错误"即可免费阅读。

活动流程			
步　骤	方　法	要点提示	记录孩子表现
步骤1： 激发兴趣	亲子共读绘本故事《敌人派》。引导孩子说一说故事中的小男孩是怎样和邻居杰米从"敌人"变成好朋友的。并让孩子说一说想不想像故事中的小男孩一样，和他人友好相处。	引导孩子明白每个人都有缺点和优点，与他人相处时产生矛盾是难免的，重要的是如何处理矛盾。	
步骤2： 掌握方法	家长和孩子探讨解决小矛盾的方法，如要保持冷静，先查清产生矛盾的原因，理性判断对错，面对面进行真诚沟通等。	探讨方法时，要鼓励孩子独立思考，充分发挥孩子的主动性。	
步骤3： 角色扮演， 解决矛盾	模拟生活中常见的矛盾案例，鼓励孩子当"小法官"判断对错，提高明辨是非的能力。例如，小丽过生日时，小明送给她一支铅笔，过了两天，他们闹矛盾了，小明又想把铅笔要回去。让孩子说一说，作为"小法官"，如何看待小明的做法。	在判断是非的过程中，家长可扮演矛盾对象的角色，和其他家人一起再现场景，让孩子当"小法官"，做出评判。	

| 步骤4：合理评价，正确引导 | 在孩子给出处理办法后，家长要及时反馈，提出合理建议，如"你能冷静地分析这件事，公正地处理，很了不起"。 | 通过反馈，培养孩子明辨是非和处理矛盾的能力。 | |

活动反思

实施该活动后，孩子明辨是非的能力与独立处理矛盾的能力提高了吗？具体表现在哪些方面？您是如何以身作则的？

活动延伸

家庭成员中发生小摩擦是在所难免的。您还可以让孩子尝试处理家庭中的小矛盾，提高孩子明辨是非的能力，同时，这也可以增强孩子的家庭责任感。

效果评估

做完本篇活动，效果如何，请对照评估一下吧！

评估维度	描　述	改善明显	有一定改善	改善不明显
家长能力	孩子犯错时，您能心平气和地进行引导吗？			
	在孩子面前，您能文明言行、以身示范吗？			
孩子变化	孩子整理书包的习惯有明显改善吗？			
	孩子的交往礼仪有明显改善吗？			
	孩子明辨是非的能力有明显提高吗？			
	孩子的时间管理能力有提高吗？			
	孩子对父母是否更关心？			

心智培养篇

小学低年级的孩子已经从前运算阶段发展到具体运算阶段。这一发展阶段最典型的标志就是能够运用符号进行有逻辑的思考活动，他们在分类、数字处理、时间和空间概念上有了很大的进步。因此，这个年龄段的孩子能够进行正式的学习活动了。

　　但是，相比小学高年级的孩子来说，低年级的孩子还存在以下特点：感知的精细程度不够，容易忽略事物的细节；注意力以无意识为主，易被活动的、鲜艳的、新颖的、有趣的事物所吸引；机械记忆占优势，以形象思维为主，很难理解抽象的概念等。因此，对小学低年级的孩子的教育应当循序渐渐、合理期待。

　　本篇活动涵盖亲子阅读、理性消费、益智游戏、科学探究等方面，帮助家长借助家庭生活中的常见资源，激发孩子的学习兴趣，锻炼孩子的感知能力，提升孩子的思维能力。

小 测 验

下列哪些描述与您的情况相符，请在"判断"框内打"√"。

序　号	题　目	判　断
1	我非常关注孩子的兴趣爱好，并帮助孩子培养高雅的志趣。	
2	我经常与孩子商量家庭中的事情，听取孩子的意见，培养孩子成熟的思维。	
3	在生活中，我经常让孩子独立思考并完成任务。	
4	我经常带孩子到大自然中去体验，观察周围的环境和事物，启发孩子发现问题并寻找答案，让孩子的心智得到更好的发展。	
5	我经常陪伴孩子阅读，并交流读书的感受。	
6	我经常陪孩子玩益智类游戏，在游戏中提高孩子的情商和智商。	
7	我经常设计有意思的家庭活动，培养孩子的想象力。	
8	我鼓励孩子勇敢面对困难，激发孩子的潜力，培养孩子坚强的意志。	
9	我总是在孩子失败时给予鼓励和支持。	
10	我擅长发现孩子的闪光点，并及时进行表扬。	

结果解释

8~10个"√"，表示您在孩子的心智培养方面做得较好，请继续保持。

4~7个"√"，表示您在孩子的心智培养方面做得一般，有提升的空间。

1~3个"√"，表示您在孩子的心智培养方面有待提升。

活动一：亲子共读《十万个为什么》

亲子共读能创造良好的亲子沟通渠道，培养孩子良好的阅读习惯，带给孩子智慧、希望、热情和信心。家长要引导孩子从《十万个为什么》中获取知识、开阔视野、探索科学世界、提升想象力。

活动目的
1. 让孩子获取知识，开阔视野，提升想象力。 2. 培养孩子阅读的好习惯。
活动准备
物质准备：图书《十万个为什么》。 知识准备：阅读《学会陪伴学会爱：家长学堂（一年级）》第22课"培养孩子阅读的好习惯"。以下简要摘录部分内容。 课外阅读有一种魔力，赋予孩子巨大的能量，从小有大量课外阅读的孩子，视野开阔，更有智慧。不少家长重视孩子的阅读，一般会按照老师推荐的书目给孩子买书。同时，也应该激发孩子的阅读兴趣，营造读书的氛围，重视亲子阅读，多种方法亲近书籍。 配套音频：手机端下载"家长空间"App，搜索文字"培养孩子的阅读习惯"即可免费收听。

活动流程			
步　骤	方　法	要点提示	记录孩子表现
步骤1： 提问激发	家长问孩子几个有趣的问题，如"萤火虫为什么可以发光"等，激发孩子的求知欲。	想方设法调动孩子阅读《十万个为什么》的兴趣。	
步骤2： 明确任务	明确阅读任务和要求，如读哪一部分，边读边思考，读后交流等。这样把任务具体化之后，孩子再阅读时才更有目的性。	读后交流的形式可以让孩子自己定，充分发挥孩子的自主性。	
步骤3： 亲子共读	阅读中，家长可以提问，并鼓励孩子提问，如"虾煮熟了为什么会变成红色""人为什么会打嗝""为什么麻雀只会跳着走"…… 读后交流感受和收获。	可以针对生活中常见的现象和孩子感兴趣的话题提出启发性问题。	
步骤4： 鼓励阅读	及时表扬共读时在孩子身上发现的优点，如"你很会思考""你能将读书收获清楚地表达出来，很了不起"。	激发孩子阅读这本书的成就感。	

| 步骤5：
坚持共读，
养成习惯 | 与孩子商定每天共读的时间，坚持阅读，帮助孩子养成爱阅读的习惯，从书中获取知识与经验，丰盈精神世界。 | 建议家长坚持和孩子一起阅读，启发孩子进行相关思考，促进孩子的思维发展。 | |

活动反思

实施该活动后，孩子在阅读方面有哪些进步？您是如何持续培养孩子的阅读习惯的？您是怎样坚持亲子阅读的？

活动延伸

亲子共读书目要由浅入深。本活动还可以根据孩子的阅读情况用经典文学书目代替绘本，如共读红色经典《小英雄雨来》《闪闪的红星》等，青少版的《西游记》《安徒生童话》等。

活动二：财商启蒙

　　小学生乱花零用钱的现象屡见不鲜，不但造成浪费，也不利于孩子健康成长。家长要引导孩子理性消费，通过采购活动等，让孩子体验到金钱的来之不易和"理财"的乐趣，懂得取舍，初步形成健康的消费观和金钱观。

活动目的
1. 引导孩子初步掌握采购的基本方法。 2. 培养孩子的实践能力和创新能力。 3. 让孩子树立正确的金钱观。
活动准备
物质准备：绘本《姐姐的秘密——钱的合理使用》、购物清单、零用钱等。 　　知识准备：阅读《学会陪伴学会爱：家长学堂（一年级）》第16课"鼓励孩子向他人寻求帮助"。以下简要摘录部分内容。 　　生活中经常遇到孩子有困难，不能勇敢表达，向他人寻求帮助的情况，这个时候家长可以培养孩子寻求帮助的意识，练习求助的方法，让孩子独立去解决问题。例如，可以让他独立完成商品的购买，锻炼孩子的独立性。 　　配套资料：手机端下载"家长空间"App，搜索文字"鼓励孩子学会向他人寻求帮助"即可免费收听音频；搜索文字"孩子不会寻求帮助怎么办"即可免费阅读图文。

活动流程			
步　骤	方　法	要点提示	记录孩子表现
步骤1：绘本激发	亲子阅读绘本《姐姐的秘密——钱的合理使用》，让孩子说一说为什么故事中的姐姐经常被妈妈表扬。	引导孩子要合理而有规划地使用金钱，把钱用在需要的商品上。	
步骤2：采购准备	采购之前，先与孩子谈一谈采购物品的用途、定价，要做哪些购物准备，明确购物流程等，根据实际需要列好购物清单。	列清单时，家长可以适当给出建议。	
步骤3：采购实践	陪孩子带上购物清单、零用钱等，到商店进行采购。借助购物清单做好购买记录。	在采购遇到困难时，鼓励孩子向他人寻求帮助，并注意控制购物时间。	
步骤4：总结提升	与孩子一起总结此次采购行动，回顾采购时我们要做哪些准备，如何采购才能让金钱使用最优化。让孩子充分意识到合理使用零用钱的意义。	引导孩子体验劳动的价值，积累生活经验，树立正确的金钱观。	

活动反思
在采购过程中，孩子是否积极主动地参与？采购中孩子遇到了什么困难？您是如何引导孩子主动寻求帮助、解决困难的？

活动延伸
该活动还可以用稍微复杂的采购活动代替，如年底让孩子采购年货，家长和孩子一起列出年货清单，进行初步预算，绘制年货采购计划表。在您的陪同下，让孩子采购年货，可以分批采购，最后总结经验和不足。

活动三：舒尔特方格

很多低年级的小学生注意力不集中，学习或做事效率不高。舒尔特方格游戏是一种提高小学生注意力水平的有效训练方法。这种游戏既专业又简单易操作，很适合作为亲子之间的互动游戏。

活动目的				

1. 训练孩子的视觉搜索能力，提升孩子的注意力水平。
2. 在游戏中增强亲子关系。

活动准备

物质准备：铅笔、直尺、正方形卡片等。

知识准备：

1. 舒尔特方格由25个方格组成，格子内任意排列数字1～25（如下图所示）。让孩子快速按1～25的顺序依次指出其位置并读出来，家长计时。用时越少说明孩子的注意力越集中。

11	18	24	12	5
23	4	8	22	16
17	6	13	3	9
10	15	25	7	1
21	2	19	14	20

2. 阅读《学会陪伴学会爱：家长学堂（一年级）》第21课"您的孩子了解考试吗"。以下简要摘录部分内容。

孩子进入小学，要接触系统的知识，也要适应各科考试。第一次面对考试，家长应该让孩子了解什么是考试，正确看待孩子的考试成绩，营造轻松的考前氛围，更要注意培养孩子良好的学习习惯。

配套音频：手机端下载"家长空间"App，搜索文字"您的孩子了解考试吗"即可免费收听。

活动流程			
步　骤	方　法	要点提示	记录孩子表现
步骤1：激发兴趣	家长在正方形方格上画上5行5列且边长为1cm的25个方格，让孩子在方格内任意填写上阿拉伯数字1～25，数字不要重复。	调动孩子参与游戏的兴趣和积极性。	
步骤2：明确规则	家长与孩子共同明确游戏规则：游戏者按顺序用手指依次指出1～25的位置，同时读出声。记录者记录所用时间，所用时间越短，注意力水平就越高。	开始练习时，不能心急。熟练达到要求后，再逐渐提高难度，不要因急于求成而使孩子的热情受挫。	
步骤3：亲子游戏	家长和孩子轮流充当游戏者和记录者。游戏前几局家长可能会遥遥领先，家长可以放慢速度，让孩子有追赶的信心。 家长可以给孩子做一个成绩记录表，让孩子看到自己不断练习后的进步。	每当玩完一局，就和孩子一起放松一会儿，避免孩子眼睛疲劳。	

| 步骤4：
坚持训练，
提升专注力 | 每天坚持做舒尔特方格游戏，帮助孩子提升专注力水平。 | 建议每天训练10分钟，坚持一个月。 | |

活动反思

实施该活动后，孩子学习、做事时的注意力是否有提高？亲子参与度是否有所提高？亲子关系有什么变化？

活动延伸

除了舒尔特方格，您还可以和孩子一起尝试其他亲子益智游戏，如成语接龙、扑克牌玩24点、照镜子游戏等，培养孩子的心智，提升亲子关系。

活动四：创意涂鸦

　　涂鸦对孩子来说是一种不受限制的绘画风格。如果家长阻止孩子涂鸦，往往会妨碍孩子的想象力和创造力发展，也可能打击孩子的绘画兴趣。家长应为孩子创设涂鸦的条件，倾听孩子对涂鸦的想法并做出积极反馈，使孩子的想象力和创造力得到发展。

活动目的
1. 发展孩子的想象力，拓展创新视野。 2. 培养孩子的审美情趣和思维方式。
活动准备
物质准备：画板或白纸、彩笔等涂鸦用具。 　知识准备：阅读《学会陪伴学会爱：家长学堂（二年级）》第28课"孩子需要一面创意墙"。以下简要摘录部分内容。 　孩子天性爱创造。但有些家长已经形成了固定的思维模式，并不认可孩子天马行空的创意。孩子的世界我们永远不懂，孩子的秘密我们还远远没有发现。有时候孩子不是没有创意，而是在尝试构建自己的认知世界过程中，被家长禁锢了。 　配套视频：手机端下载"家长空间"App，搜索文字"给孩子留出一面'创意墙'"即可免费观看。

活动流程			
步　骤	方　法	要点提示	记录孩子表现
步骤1: 鼓励想象	家长请孩子帮忙设计家庭的一角,引导孩子发挥想象力,设计自己喜欢的图案。家长引导孩子说一说自己最想画什么,怎样能画得与众不同。	调动孩子创意涂鸦的兴趣,发挥其想象力。	
步骤2: 创意涂鸦	引导孩子在画板或白纸上结合生活进行创意涂鸦,鼓励孩子大胆创新,如正在演出的锅铲小提琴家、会开汽车的钢笔爸爸、拖着行李箱上飞机的水杯空姐等。	孩子涂鸦时,家长给予鼓励,但对涂鸦内容不要过多干预。	
步骤3: 表达涂鸦	家长就孩子画中表现的内容进行适当询问,表达对其作品的兴趣,鼓励孩子介绍自己的涂鸦作品,介绍创作的想法,以表达作品的美感和意义。	家长要认真倾听孩子的想法。	
步骤4: 作品集锦	家长可以拍照把孩子的涂鸦作品收集起来并装订成册,激发孩子涂鸦的成就感。同时可以在家庭改装的时候运用孩子的创意,这会大大激发孩子的创造兴趣。	鼓励孩子坚持涂鸦,发挥想象力和创造力,提升审美情趣和改善思维方式。	

活动反思

实施该活动后，孩子对涂鸦的兴趣是否有所增强？您对孩子进行创意涂鸦的过程有什么感受？

活动延伸

家长还可以鼓励孩子参加学校或社会组织的创意绘画比赛活动，培养孩子的想象力、审美情趣和创意思维。

活动五：豆子成长记

好奇和探索是让大脑"思考起来"的原动力。低年级孩子好奇心强，探索欲浓，处于创造力发展的关键时期。"泡豆子"等家庭科学小实验能为孩子提供发展好奇心的机会。家长要激发孩子在生活中进行科学探索的兴趣，培养孩子的探究能力。

活动目的
1. 让孩子体验探索的乐趣，提高探究能力。
2. 培养孩子持续观察的能力，学会写简单的观察日记。
3. 引导孩子发现生命的变化和意义。
活动准备
物质准备：黄豆数颗、干净的小盆子、清水、纸笔等。
知识准备：阅读《学会陪伴学会爱：家长学堂（一年级）》第26课"放手让孩子尝试身边的小事"。以下简要摘录部分内容。
探索是孩子智慧的源泉。一年级是人生发展的重要阶段，好奇心强，探索欲浓，处于创造能力发展的关键时期。家长要呵护孩子的好奇心，鼓励孩子多参加探究活动，激发孩子的学习兴趣，让孩子在实践活动中体验到探索的乐趣和成功的快乐，培养孩子的探究能力和创造力。
配套视频：手机端下载"家长空间"App，搜索文字"放手让孩子试试身边的小事"即可免费观看。

活动流程			
步　骤	方　法	要点提示	记录孩子表现
步骤1： 引发思考	邀请孩子和家长一起洗黄豆芽，引导孩子观察黄豆芽的样子，思考黄豆是怎样变成黄豆芽的。引导孩子想一想并说一说怎样才能让黄豆变身。	以提问激发孩子的探究兴趣。	
步骤2： 泡豆实验	将准备好的黄豆放入盆子中，倒入清水将其淹没，两天换一次水。	家长认真观察孩子的实验过程。	
步骤3： 观察变化	和孩子一起认真观察豆子每天的变化，说一说豆子和前一天的不同之处，写简单的绘画日记。家长可以随手拍照，当好孩子的助手，并将每天的观察记录下来并订成小册，形成完整的观察日记。	引导孩子持续观察，进行前后对比，发现变化。尽量让孩子独立完成。	
步骤4： 拓展探究	引导孩子分享观察收获，让孩子先独立总结植物生长的规律以及得到的启发。家长可以适当补充或和孩子一起查阅科普书籍，使孩子的认识升华。	家长要乐于探索，通过自己的言行鼓励孩子探索世界。	

	与孩子讨论还想做哪些科学小实验，需要做哪些准备等，鼓励孩子继续探究。		

活动反思

孩子在探究过程中遇到了什么困难？您是怎样引导和帮助孩子克服困难的？孩子还想做哪些小实验？

活动延伸

该活动还可以用果蔬种植来代替。您可以利用春夏季的周末和孩子一起种植绿植或播撒蔬果种子，观察其生长过程，并鼓励孩子进行连续观察，坚持写观察日记，引导孩子发现生命的变化和意义。

活动六：我能自己来

很多孩子在生活中过于依赖家长，自理能力不足。家长一旦放手，孩子会很不适应，生活和学习很可能变得一团糟。有些孩子体谅不到家人的辛劳，认为家人付出是理所应当的。家长应适时放手，让孩子学会自己解决问题，锻炼孩子的独立能力。

活动目的
1. 培养孩子的自理能力，锻炼孩子的独立能力。
2. 培养孩子的责任担当意识和感恩之心。

活动准备
物质准备：需要清洗的衣物、洗衣液或肥皂、评价表等。
知识准备：阅读《学会陪伴学会爱：家长学堂（三年级）》第8课"对完美守护说'不'"。以下简要摘录部分内容。
曾经对孩子的完美守护变成了枷锁。家长应尽力扭转这样的局面，培养孩子的自理能力，培养孩子的感恩之心以及培养责任担当意识。
配套视频：手机端下载"家长空间"App，搜索文字"和'完美守护'说不"即可免费观看。

活动流程			
步　骤	方　法	要点提示	记录孩子表现
步骤1：调动积极性	家长和孩子商量："妈妈今天上班好累，你能不能帮我洗一下这件衣服？"征求孩子的同意，引导孩子主动帮家人手洗小型衣物。	调动孩子洗衣服的积极性。	

步骤2: 明确任务和标准	明确洗衣任务和标准,如将自己和家人的小型衣物手洗干净,抻平后晾晒。明确标准后,孩子在洗衣服时才更有目的性。	有些标准可以让孩子自己定,充分发挥孩子的自主性。
步骤3: 挑战手洗衣物	在孩子洗衣前,家长先教给孩子洗衣步骤:先在盆里加少许温水,倒入适量洗衣液,用手搅拌,使其充分溶解。将衣物泡在盆里大约一刻钟,并且用手搓揉脏处。最后换干净的水漂洗几次,直到水清为止。 讲清步骤后让孩子独立清洗衣物。洗完后,家长引导孩子说说自己的感受。	洗衣过程中,孩子如果遇到困难,如不小心将水洒到外面,那么家长要及时进行指导和帮助。
步骤4: 记录总结	家长制作一份值日表,其中包括洗衣服,记录家庭成员每天做家务的项目,让孩子和家长共同为家的整洁干净尽一份力。	让孩子体验劳动的不易和成就感、参与感。

| 步骤5：培养习惯 | 鼓励孩子每天及时清洗自己换下的小型衣物，养成讲卫生的好习惯。 | 家长要对孩子起到示范和监督作用，培养孩子的自理能力。 | |

活动反思

孩子在手洗衣服的过程中，遇到了什么困难？您是如何引导和帮助孩子克服困难的？您还有过哪些提高孩子自理能力的做法？

活动延伸

该活动还可以用其他家务劳动代替，如鼓励孩子扫地、拖地、整理卧室、收拾碗筷等，在培养孩子自理能力的同时增强孩子的家庭责任感。

效果评估

做完本篇活动，效果如何，请对照评估一下吧！

评估维度	描述	改善明显	有一定改善	改善不明显
家长能力	您陪伴孩子阅读的次数和交流效果如何？			
	您能做到适时放手，让孩子独立处理问题吗？			
孩子变化	孩子的想象力有一定提高吗？			
	孩子的探究能力有明显提高吗？			
	孩子的专注力有明显提升吗？			

身心健康篇

身心健康是指身体与心理的双重健康。随着社会高速发展，物质生活水平越来越高，据统计，孩子的身体素质却呈下滑趋势。同时，很多孩子也存在不同程度的心理行为问题，如厌学、说谎、任性、耐挫力差、抑郁等，影响孩子的健康发展。

健康是生命的基本保障。家庭作为孩子生活的主要场所，对身心健康发展起到重要作用。家长应将孩子的身心健康放在家庭教育的首位，营造和谐的家庭氛围，为孩子身心健康成长创造良好的家庭环境。

本篇从身体健康与心理健康两大方面设计活动，旨在帮助家长遵循儿童身心发展规律，树立正确的教育观念，掌握科学的教育方法，更好地增强孩子的身体素质，培养孩子健康的心理。

小 测 验

下列哪些描述与您的情况相符，请在"判断"框内打"√"。

序　号	题　目	判　断
1	我很注重孩子的营养均衡。	
2	我很注重引导孩子与同伴建立良好的关系。	
3	我限制孩子吃零食和垃圾食品。	
4	我经常陪孩子进行户外运动。	
5	我很注重孩子有充足的睡眠。	
6	我能认真倾听孩子的心里话。	
7	我经常和孩子交流其在学校的表现。	
8	我能给予孩子自由的活动空间。	
9	我能正确理解孩子犯的错误，并引导其积极改正。	
10	当孩子情绪低落时，我能及时发现并积极进行引导。	

结果解释

8~10个"√"，表示您对孩子的身心健康教育做得较好，请继续保持。

4~7个"√"，表示您对孩子的身心健康教育做得一般，有提升的空间。

1~3个"√"，表示您对孩子的身心健康教育有待提升。

活动一：制作暖心卡

　　良好的同伴交往有助于孩子产生积极的情绪，间接影响孩子的学习情绪。进入小学后，结交到好朋友有利于孩子更好地适应学校生活。如何建立良好的同伴关系成为很多孩子面临的难题。家长应该关注孩子与同伴交往的情况，帮助孩子结交到好朋友。

活动目的
1. 引导孩子学会与他人分享和感恩他人。 2. 培养孩子的人际交往能力。
活动准备
物质准备：彩色卡纸、水彩笔、固体胶、剪刀。
知识准备：阅读《学会陪伴学会爱：家长学堂（一年级）》第13课"孩子找不到好朋友的原因是什么"。以下简要摘录部分内容。
孩子进入小学后，尽快结交到好朋友可以更好地融入学校生活，适应学习生活。良好的同伴交往可以让孩子有积极的适应情绪，间接影响孩子积极的学习情绪。然而，朋友并不是想要就能得到的，很多孩子进入小学时会面临这个难题。作为家长应该了解并关注孩子与同伴交往的情况，必要时帮助孩子结交到好朋友。
配套音频：手机端下载"家长空间"App，搜索文字"帮孩子找到好朋友"即可免费收听。

活动流程			
步　骤	方　法	要点提示	记录孩子表现
步骤1： 谈话导入	家长与孩子交流：最近想感谢哪个小伙伴，有什么心里话想对他说。	如果孩子一时想不起来，那么可以问最近发生过哪些印象深刻的事，由事及人。	
步骤2： 整体构思	引导孩子构思并说一说暖心卡的颜色、形状、图案等，想一想最想对小伙伴说什么。	设计卡片时，家长引导孩子站在小伙伴的角度，考虑小伙伴的喜好。	
步骤3： 动手制作	在整体构思的基础上，让孩子动手制作暖心卡。提醒孩子写上感谢的话，并美化卡片。	如果孩子遇到困难，那么家长可以帮助孩子一起设计，如关注孩子使用剪刀的安全。	
步骤4： 以卡传情	鼓励孩子将自制的暖心卡送给小伙伴，勇敢表达自己的情感。	若孩子没有勇气送出卡片，则家长要及时鼓励。	

步骤5：总结评价	暖心卡送出后，要引导孩子总结本次活动的表现，如用心制作、主动送卡，为自己做得好的方面点赞。	关注孩子送出暖心卡后的情绪变化。若失落，则及时询问原因，疏导孩子的情绪。	

活动反思

　　孩子在制作和送出暖心卡的过程中，您是否给予了积极的引导和支持？卡片送出后，您有没有随时关注孩子的情绪变化并进行及时疏导？

活动延伸

　　1. 您可以鼓励孩子积极参加同伴之间的活动，如班级组织的小队活动，提高孩子的人际交往能力。

　　2. 可以鼓励孩子每天与您分享一件与同伴交往的暖心事，引导孩子发现爱、感受爱、表达爱。

活动二：健身动起来

很多孩子不爱运动，强身健体意识淡薄，导致身体素质不强。作为家长，要引导孩子树立积极的运动意识，激发孩子的运动兴趣，培养孩子良好的运动习惯，促进孩子身心健康发展。

活动目的
1. 激发孩子的运动兴趣。
2. 培养孩子良好的运动习惯，塑造健康的体魄。
活动准备
物质准备：奥运会精彩视频片段，跳绳、篮球、毽子等简单的体育器材。
知识准备：阅读《学会陪伴学会爱：家长学堂（二年级）》第7课"爱运动的孩子最健康"。以下简要摘录部分内容。
树立运动意识，培养运动习惯，让运动成为常态，对孩子的身体健康至关重要，家长要带头运动，激发孩子的运动兴趣，科学运动。
配套图文：手机端下载"家长空间"App，搜索文字"培养孩子的运动习惯有多重要"即可免费阅读。

活动流程			
步　骤	方　法	要点提示	记录孩子表现
步骤1： 视频导入	亲子共同观看奥运会精彩视频片段，共同聊一聊最喜欢哪场运动赛事，喜欢的原因是什么；自己也谈一谈喜欢的运动赛事，并说一说奥运会运动员的小故事，如刘翔、郎平等，激发孩子运动的兴趣。	选择视频片段时，以易操作的日常体育项目为主。	
步骤2： 制订计划	家长和孩子说一说自己喜欢的运动项目，并共同制订每日运动计划，如每天跳绳半小时、亲子踢毽子半小时、慢跑半小时、打篮球半小时等。	运动计划应具体、可操作，以亲子锻炼项目为主。	
步骤3： 运动打卡	家长和孩子一起到小区广场或附近的运动场所完成自己的运动任务，并及时借助手机App打卡，记录运动情况。	家长要鼓励孩子坚持完成运动任务，并及时进行表扬。	
步骤4： 周末总结	周末，亲子共同汇总本周家庭运动打卡记录，对坚持运动的家庭成员进行口头表扬或物质奖励。	家长应重视表扬，促进孩子养成运动的习惯。	

| 步骤5：创新运动 | 家长留心观察孩子运动的热情，可以适当更换新的运动项目，保持孩子运动的新鲜感和持久力。 | 更换运动项目时要考虑孩子的兴趣，可每月更换一次，切忌频繁更换。 | |

活动反思

在亲子运动过程中，您是怎样为孩子做榜样的？当孩子想要放弃时，您是如何鼓励孩子坚持运动的？

活动延伸

1. 可以用"运动日记"的方式替换"运动打卡"。

2. 可以利用节假日带孩子去附近爬山，锻炼孩子的身心，磨炼孩子的意志。

活动三：旅行齐步走

读万卷书，行万里路。旅行是一件很有意义的事情，亲子旅行是丰富孩子阅历、培养良好品行和塑造健康身心的有效方式。家长尽量多带孩子外出旅行，让孩子在旅行中放松身心、开阔视野、热爱生活。

活动目的
1. 在旅行中让家人放松身心、强身健体。
2. 培养孩子积极向上的生活态度。

活动准备
物质准备：行李箱、随身包、常用药品等。
知识准备：阅读《学会陪伴学会爱：家长学堂（二年级）》第22课"孩子喜欢顶嘴怎么办"。以下简要摘录部分内容。
当家长命令或者强迫孩子做事情时，就会导致权力之争，孩子顶嘴就是这种权力之争的具体表现。家长可以和孩子有话好好说，多体谅，不放任，树立良好的榜样，加强亲子沟通，固定时间召开一次家庭会议。建议一起来一场亲子旅行。
配套视频：手机端下载"家长空间"App，搜索文字"孩子喜欢顶嘴怎么办"即可免费观看。

活动流程			
步　骤	方　法	要点提示	记录孩子表现
步骤1：激发兴趣	家长先跟孩子共同查看中国地图，介绍中国的大好河山，同时可以有选择性地先介绍省（市区）内的名山大川，跟孩子共同观看相关纪录片，从视觉上给孩子一个美的冲击，让孩子乐于参与旅行。家长与孩子交流旅行的想法，引导孩子说一说假期想去哪个城市旅行。	建议先从短途旅行开始。	
步骤2：规划旅行	家长和孩子一起手绘旅行计划表（可以用画一画的方式让孩子增加制作旅行计划表的乐趣），包括出行方式、行程安排、注意事项和安全事宜等，并准备好出行必备物品等。	在旅行计划的制订中提升孩子对这次旅行的期待。	
步骤3：启动旅行	按照旅行计划，启动亲子旅行。旅行中及时拍照记录美丽的风景和美好的瞬间，如果在旅行的过程中遇到比较有趣的亲子活动，那么一定要共同参加，增加亲子之间难得的互动机会，让孩子充分体验旅行的乐趣。	在旅行中要关注家人安全。	

步骤4: 交流旅行 收获	旅行结束后，家长与孩子交流旅行的收获和感受。对于孩子好的表现，家长要及时表扬。可以在旅游地买一个带有当地特色的旅游纪念本，将本次旅游的票据或者一些有趣的事物粘贴在上面，制作一本旅行手账，同时也可以给当地的某一处景点写一则推荐语或者给当地的美食做一次小小广告员。	通过旅行后的评价，强化对孩子旅行中的文明礼仪的培养。	

活动反思

在旅行的过程中，孩子有哪些文明的表现？您是如何强化孩子的文明行为的？

在进行旅游收获分享时，您是否能够发现孩子敏锐的观察力？是否可以记住孩子的美好瞬间？

活动延伸

您也可以和孩子策划一场全家的长途旅行，行程不要安排得太满，留出足够的休闲时间，全家一起放松身心。

活动四：活力营养餐

少年强则国强，少年智则国智。早餐是一天饮食中最重要的环节，早餐营养不足，会影响孩子的生长发育。家长要重视孩子的早餐质量，并和孩子一起烹饪营养均衡的早餐，增强孩子的体质。

活动目的
1. 增强孩子的动手能力，学习合理搭配早餐。 2. 培养孩子健康的饮食习惯，增强体质。
活动准备
物质准备：牛奶、新鲜蔬菜、生鸡蛋、谷类食物、面包或粗粮馒头等早餐食材，烹饪所需配料和烹饪工具等。 知识准备：阅读《学会陪伴学会爱：家长学堂（一年级）》第15课"孩子被同学欺负了怎么办"。以下简要摘录部分内容。 学校是孩子学习的乐园，也是孩子共同成长的集体。在集体学习生活中，孩子之间的摩擦难免会发生，被欺负或欺负他人的现象自然也难以避免。被欺负的孩子过分忍让，会助长对方的攻击行为，让霸道的孩子更加有恃无恐。孩子经常被欺负，会影响其心智的成长与性格的塑造。为了孩子的健康成长，家长应当引导孩子正确应对同伴间的冲突，学会自我保护。 配套音频：手机端下载"家长空间"App，搜索文字"孩子被同学欺负了怎么办"即可免费收听。

活动流程			
步　骤	方　法	要点提示	记录孩子表现
步骤1： 谈话导入	家长和孩子交流早餐应该吃什么，怎么吃，营养才能更均衡。可以引导孩子从早餐的种类、食物所含营养等方面说一说。	营养早餐一般包括以下四类食物：一是谷类食物；二是动物类食物，如鸡蛋或肉类；三是牛奶或豆浆等豆制品；四是新鲜蔬菜或水果。	
步骤2： 烹饪准备	根据孩子的饮食爱好和需要，确定营养早餐的种类，如制作营养三明治。提前准备好早餐必备食材。明确烹饪过程中的注意事项。	家长要教给孩子营养搭配的相关知识，注意合理搭配，确保营养均衡。做好安全提醒。	
步骤3： 制作营养餐	家长和孩子共同制作营养早餐，以制作营养三明治早餐为例：家长先煎好鸡蛋或火腿薄片，并将西红柿切成薄片；孩子取出面包片，在上面放一片奶酪，依次放上煎好的鸡蛋或火腿薄片、西红柿和生菜叶，在上面再盖上一片面包，将做好的三明治放在餐盘里，加热一杯牛奶，搭配食用。	家长和孩子要合理分工，并关注孩子在烹饪过程中的安全。	

步骤4： 品尝营养餐	营养餐制作完成后，家长引导孩子主动让家人品尝自己制作的营养餐，并做出评价。	家长在鼓励孩子的同时，也要委婉地提出改进建议。	

活动反思

在教孩子合理膳食之前，您是否提前学习了如何合理搭配饮食的知识？您是怎样培养孩子的良好饮食习惯的？

活动延伸

您也可以让孩子和您一起为家人准备一桌年夜饭。从健康营养的角度提前列出年夜饭清单，购买食材，动手烹饪，相信在这个过程中孩子会有更多的收获。

活动五：情绪观测站

情绪管理对人的一生有着深远的影响。如果小学阶段孩子急躁、易怒、悲观，或者孤独、焦虑、不自信等，就很有可能影响孩子的身心健康与人际关系的发展。作为家长，要教孩子学会认知情绪，正确表达情绪，培养孩子的情绪管理能力。

活动目的
1. 让孩子学会认知情绪，并能正确表达情绪。 2. 培养孩子的情绪管理能力，塑造健康身心。

活动准备
物质准备：绘本《生气汤》、画板、水彩笔等。
知识准备：阅读《学会陪伴学会爱：家长学堂（三年级）》第31课"莫把坏情绪带回家"。以下简要摘录部分内容。
当工作遇挫受阻时，家长带着消极的情绪回家，既影响孩子的身心健康，也破坏亲子关系。家长要正视负面情绪的存在，承认自己的不良情绪，调节好自己的情绪。
配套音频：手机端下载"家长空间"App，搜索文字"不要把工作中的情绪带回家"即可免费收听。

活动流程			
步　骤	方　法	要点提示	记录孩子表现
步骤1：阅读导入	亲子共读绘本《生气汤》，读完后让孩子说一说，霍斯和妈是怎样纾解坏情绪的。	激发孩子对情绪的探究兴趣。	

步骤2： 认识情绪	让孩子想一想，自己平时都有哪些情绪，从而引导孩子了解情绪是多样的，包括喜、怒、忧、思、悲、恐、惊七种，分为积极情绪和消极情绪。	家长应提前了解情绪的种类、调节的方法等内容，做好科学引导。	
步骤3： 体验情绪	创设具体的情景，比如，孩子的文具被同伴弄坏，引导孩子感受当下的情绪，并用绘画的方式表现出来。	引导孩子学会感受、表达自己的情绪。	
步骤4： 观测情绪	孩子画完后，家长扮演倾听者的角色，认真听孩子描述。当孩子表达自己的消极情绪时，家长适时引导孩子思考并说一说"在这样的情况下，怎样才能让自己开心起来"。	从孩子的表达中判断孩子此刻的情绪是积极的还是消极的，并及时进行引导、调节。	
步骤5： 调节情绪	让孩子说一说调节情绪有哪些方法，家长再进行补充，如倾诉法（向朋友、家人、老师说出自己的内心想法）、运动法（通过运动排解消极情绪）等。	引导孩子学会通过恰当的方式调节情绪。	

活动反思

活动实施后，您是如何帮助孩子调节不良情绪的？孩子学会用适当的方法调节自己的情绪了吗？

活动延伸

该活动也可以换成情绪大转盘、情绪万花筒等情绪管理类亲子游戏。

活动六：家庭爱眼日

眼睛是心灵的窗户。当前，很多孩子存在坐姿不正、过度使用电子产品等现象，不注意用眼卫生，不同程度地患上了近视。家长要引导孩子了解爱眼、护眼的重要性，在日常学习生活中养成良好的用眼习惯，更好地爱眼、护眼。

活动目的			
1. 让孩子认识到爱眼、护眼的重要性。 2. 培养孩子良好的用眼习惯。			
活动准备			
物质准备：丝巾、视力健康表、眼球结构图。 知识准备：搜集小学生视力调查现状。			
活动流程			
步　骤	方　法	要点提示	记录孩子表现
步骤1： 猜谜导入	家长引导孩子猜谜语：两颗黑葡萄，长在人脸上。白天开窗望，黑夜关紧窗。 家长借助视力健康表检测孩子的视力。	家长要激发孩子对眼睛的探究兴趣。	

步骤2： 认识眼睛	借助眼球结构图，帮助孩子认识眼球的构造：眼睛是一个复杂器官，三个重要的结构是角膜、晶状体和视网膜。角膜就像相机镜头，将光线传递并集中到眼睛里；晶状体负责改变屈光度；视网膜的作用是感光成像。	引导孩子认识眼睛的主要构造及作用。	
步骤3： 重视眼睛	用丝巾蒙住孩子的眼睛，让孩子体验并说一说视力受损的后果，如看不清黑板、职业选择受限等。	引导孩子感受视力受损会给学习和生活造成极大的不便，认识护眼的重要性。	
步骤4： 护眼方法	引导孩子思考保护视力的方法有哪些，如远眺、看绿色物品、认真做眼保健操、保持端正的读写姿势、积极参加户外锻炼、减少对电子产品的使用等。	可以按照护眼方法制作"家庭每周护眼评价表"，每天在完成项目下面打对勾，每周一评。	

| 步骤5：全家爱眼 | 全家总动员，一起做眼保健操，并进行远眺，保护眼睛。 | 做眼保健操时，家长要动作规范，为孩子做榜样。 | |

活动反思

在活动中，孩子是否能积极地和家人一起爱眼、护眼？在保护视力上，您是如何示范的？您会阶段性地为孩子检测视力吗？

活动延伸

您可以根据家庭实际情况策划其他的护眼活动，如打乒乓球、打造绿色阳台等，全家共同增强保护视力的意识。

效果评估

做完本篇活动，效果如何，请对照评估一下吧！

评估维度	描　述	改善明显	有一定改善	改善不明显
家长能力	您能每天陪孩子运动半小时吗？			
	您能做到不把工作中的不良情绪带回家吗？			
孩子变化	孩子能更主动结交朋友吗？			
	孩子的饮食习惯有明显改善吗？			
	家人的用眼习惯有明显改善吗？			
	孩子能每天坚持运动吗？			
	孩子的情绪管理能力有提高吗？			

附录A

人格发展八阶段理论

美国著名发展心理学家和精神分析学家爱利克·埃里克森（E. H. Erikson）把人格的形成和发展过程分为八个阶段，称为人格发展八阶段理论。他指出，人的每一阶段都有特殊的核心发展任务，这些发展任务的顺利完成是人格健康发展的前提。

核心任务发展得不顺利，则会使个人出现同一性残缺、不连贯的状态，发展的成功与失败即为两个极点。例如，婴儿时期的最优状态是基本信任的状态，最劣状态是基本不信任的状态。核心任务的完成结果会影响人的一生。

一、婴儿期（0~1.5岁）

此阶段的发展矛盾是信任感vs.不信任感，核心发展任务是获得信任感，克服不信任感。

婴儿出生后首先面临的就是生存问题，他对初次降临的这个世界是否安全、能否满足自己的生存需要问题有着本能的敏感。婴儿如果能够得到成人的精心照料和保护，

便会逐步形成对周围人及世界的信任感，也称安全感。否则就会产生不信任感，并将在今后的生活中，对周围人及世界充满疑虑。信任感是整个人格发展的基础。

二、儿童早期（1.5~3岁）

此阶段的发展矛盾是自主vs.羞怯感与怀疑，核心发展任务是获得自主感，克服怀疑与羞怯感。

此阶段孩子的活动能力快速发展，特别好动，凡事都想亲自尝试，以显示自己的力量，并藐视外部的控制。这时候孩子想通过自己吃饭、穿衣、如厕等而习得能力感。"让我来""我不"成为孩子这时的口头禅。如果父母在安全的范围内给孩子一定的自由，鼓励他做力所能及的事，就能使孩子获得自主感。反之，如果父母对孩子限制过多，指责或惩罚过多，容易使孩子产生对自身能力的怀疑与羞怯感。

三、学前期（3~6岁）

此阶段的发展矛盾是主动感vs.内疚感，核心发展任务是获得主动感，克服内疚感。

此阶段孩子在自主性基础上，发展出更广泛的探索世界、

扩展环境的愿望。如果孩子的主动探究行为受到鼓励，就会形成主动性，为他将来成为一个有责任感、有创造力的人奠定基础。如果成人讥笑孩子的独创行为和想象力，那么孩子就会逐渐失去自信心，这使他们更倾向于生活在别人为他们安排好的狭窄圈子里，缺乏自己开创幸福生活的主动性，从而产生内疚感。

四、学龄期（6~12岁）

此阶段的发展矛盾是勤奋感vs.自卑感，核心发展任务是获得勤奋感，克服自卑感。

孩子进入学校，意味着其真正意义上进入了社会。学校是训练孩子适应社会、掌握今后生活所必需的知识和技能的地方。为了努力完成学习任务、与他人共处，孩子必须勤奋努力。如果他们能够顺利地完成学习任务，就会获得勤奋感，形成良好的学习态度，这使他们在今后的独立生活和承担工作的任务中充满信心。反之，就会感到自卑。

五、青春期（12~18岁）

此阶段的发展矛盾是同一性vs.角色混乱，核心发展任务是建立自我同一性，防止同一性混乱。

所谓自我同一性是关于自己是谁，在社会上应拥有什么样的地位，将来准备成为什么样的人，以及怎样努力成为理想中的自己等一系列的自我认知。跨入青春期的个体，由于身体迅速发展、性的成熟，加上所面临的种种社会义务与选择，会对过去怀疑，对将来迷惘，现实自我与理想自我难以统一，这就是同一性危机。如果个体在进入青春期之前，有较强的信任感、自主感、主动感和勤奋感，就容易在这一阶段实现自我同一性，否则容易产生角色混乱。

六、成年早期（18~25岁）

此阶段的发展矛盾是亲密感vs.孤独感，核心发展任务是获得亲密感，避免孤独感。

恋爱与婚姻是这一阶段的主要特征，只有具有牢固的自我同一性的青年人，才敢冒与他人建立亲密关系的风险。只有这样才能与他人建立起有意义的关系，发展友谊与伴侣关系，从而获得亲密感，否则将产生孤独感。

七、成年中期（25~50岁）

此阶段的发展矛盾是繁殖感vs.停滞感，核心发展任务是获得繁殖感，避免停滞感。

在这一时期，人们不仅要生育孩子，还要承担社会工作，这是一个人关怀下一代和对社会发挥创造力的愿望最旺盛的时期。繁殖感有"生"和"育"两层含义，即生殖及教育下一代，这是一种生命的延续感。一个人即使没生孩子，也可以通过关心或教育他人的孩子而获得繁殖感。而相反的，则会体验到发展的停滞感及人生的无意义感，失去关心他人的热情，以自我为中心。

八、成年晚期（50岁以后）

此阶段的发展矛盾是完善感vs.绝望；核心发展任务是获得完善感，避免绝望与沮丧。

在体验了人生的众多喜怒哀乐后，当他们回顾过去，如果感到自己的一生没有虚度，就会产生对生活的完善感，从而可以怀着充实的感情坦然地面对死亡。与此相反，那些对过去的生活感觉不满意的老人，往往会内心充满绝望与沮丧，从而会惧怕死亡。

这八个阶段的顺序是由遗传决定的，与人的身体功能发展相关，这些发展任务是人的内在需要，是与生俱来的。在每一个心理发展阶段中，解决了核心问题之后所产生的人格特

质，都包括了积极与消极两方面的品质，如果能在各阶段都向着积极品质发展，就完成了这个阶段的任务，逐渐形成健全的人格，否则就会产生心理危机，出现情绪障碍，形成不健全的人格。

家长教养能力结构理论

国内家庭教育学者王治芳等（2021）提出了家长教养能力三维结构理论模型，将家长教养能力界定为：儿童父母或其他监护人在一定的知识、技能基础上，有意或无意地对孩子身心发展形成直接或间接、短期或长期积极影响的能力。既包括对教养活动效率有直接影响的认知能力，如了解孩子的能力，也包括起调节作用的非认知能力，如家长自身情绪管理能力等；既包括对孩子的短期影响能力，如对具体学科的作业辅导能力，也包括对孩子的长期影响能力，如培养孩子良好生活或行为习惯的能力等。

根据吉尔福特的三维智力模型，王治芳等提出家长教养能力的三维结构理论模型，包含内容维度、操作维度和结果维度，将家长教养能力分为3×3×3＝27种基本类型。

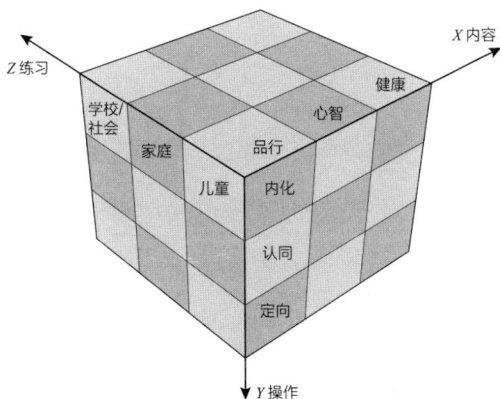

研究者聚焦以下15种能力类型，进行了分析解读。

（1）儿童×品行×认同=教育引导能力。家长对孩子的品行进行教育引导，使孩子认同其观点或要求，即教育引导能力。

（2）儿童×品行×内化=人格感化能力。家长运用自身积极情感与孩子相处，以人格影响人格，促使孩子人格完善，即人格感化能力。

（3）儿童×心智×认同=学习辅导能力。家长对孩子开展心智培育活动，帮助孩子获得学业认同，助力学业发展，即学习辅导能力。

（4）儿童×心智×内化=兴趣培养能力。家长对孩子开展

心智培育活动，符合孩子本身兴趣的部分被孩子内化并融入自身个性发展中，即兴趣培养能力。

（5）儿童×健康×认同=健康习惯养成能力。家长给孩子物质层面的养育，使孩子养成良好生活习惯，拥有健康体魄，即健康习惯养成能力。

（6）儿童×健康×内化=积极心态培育能力。家长与孩子开展心与心的交流，使孩子内化并形成健康积极的生活态度，即积极心态培育能力。

（7）家庭×品行×认同=家规实施能力。家长开展家庭精神建设活动，进行品德教育，使家庭成员认同其要求，言行符合家规家训，即家规实施能力。

（8）家庭×品行×内化=家风培育能力。家长开展家庭精神建设活动，进行道德教育，使家庭成员将品行要求内化为行动自觉，形成良好家风，即家风培育能力。

（9）家庭×心智×认同=情绪控制能力。家长开展家庭关系建设活动，提高家庭成员心智成熟水平，学会调节自身情绪，即情绪控制能力。

（10）家庭×心智×内化=表达沟通能力。家长开展家庭

关系建设活动，提高家庭成员心智成熟水平，使家庭成员之间充分交流沟通，化解矛盾，建立和谐关系，即表达沟通能力。

（11）家庭×健康×认同=家居环境布置能力。家长开展家庭物质环境建设活动，家庭成员共同打造一个健康美丽的家庭环境，即家居环境布置能力。

（12）家庭×健康×内化=家庭活动组织能力。家长开展家庭物质环境建设活动，使家庭成员自觉自愿共同参与家庭相关活动，提高家庭凝聚力，即家庭活动组织能力。

（13）学校×社会×定向=家长的家校对话能力。家长与学校建立一定的联系，配合老师，听取老师建议，即家校对话能力。

（14）学校×社会×认同=家长的家校合作能力。家长主动参与家校社共育，合力解决孩子成长过程中的问题，即家校合作能力。

（15）学校×社会×内化=家长的家校协同能力。家长与学校、社会高度协同育人，使孩子各方面积极发展的能力，即家校协同能力。

按照效果维度对以上15项能力进行分类，其中前6项可归

为教养孩子能力，7~12项可归为建设家庭能力，13~15项可归为协同育人能力，这是基于结果维度的归类。对教养孩子能力进一步分析，第1、2项可归为孩子品行塑造能力，第3、4项可归为孩子心智培养能力，第5、6项可归为孩子健康管理能力，这是基于内容层面的归类。同样，对于建设家庭能力，基于内容维度，第7、8项可归为家庭文化建设能力，第9、10项可归为家庭关系平衡能力，第11、12项可归为家庭环境创设能力，此处的环境特指物质环境。

（一）教养孩子能力

教养孩子能力重于家长有目的、有意识的教养能力。家庭教育是大教育的组成部分之一，其教育目的应当与国家教育大纲一致。按照德智体美劳"五育并举"的原则，结合家庭教育的特点，将教养孩子的能力分解为孩子品行塑造能力、孩子心智培养能力和孩子健康管理能力。

1. 孩子品行塑造能力

品行塑造是指对孩子合乎道德规范的品质及行为的教育，如爱国主义教育、诚信教育、从善教育、基本文明礼仪教育等。

人无德不立，良好的德行是一个人立身处世的根本。我国古代就有尊道重德的文化传统，孔子讲"志于道，据于德"，《左传》有言："太上有立德，其次有立功，其次有立言。"历代先贤无一不把"修德"作为人生的必修课。在我国的教育方针中，德育位居"五育"之首，可见其重要性。《全国家庭教育指导大纲（修订）》指出"家庭教育重在教孩子如何做人"，习近平总书记反复强调"立德树人是教育的根本任务"。可见"育才先育人，育人先育德"已经成为教育的共识。

家庭德育在德育系统中具有独特的优势。家庭德育的早期奠基性、家长道德行为的示范性、道德指导的针对性等特点是学校德育和社会教育无法匹敌的。另外，知识和技能的传递基本由学校教育承担，不需家长过度劳神，因此家庭德育就成为家庭教育的重中之重。

德育的效果体现在孩子品行发展上，因此，品行塑造强调对孩子内在道德品质和外在道德行为的培育，使道德规范内化于心、外化于行，达到知、情、行高度统一。从教育方式上来看，对孩子品行的塑造，涉及家长两方面的影响，一是家长自身人格所具有的示范性影响，是家长消极的、无为的影响，即上文所说的人格感化能力；二是家长积极的、有目的的引导，

即教育引导能力。

（1）人格感化能力

人格感化是德育的重要方法之一，即家长靠自己的高尚品德、人格及对孩子的深切期望和真诚的爱来触动、感化孩子，促进孩子思想转变，积极进取。

身教胜于言传。子曰："其身正、不令而行；其身不正，虽令不从。"每一位父母都曾是孩子眼中的"英雄"，具有无所不能的"超能力"，是孩子模仿的对象。父母自身的人格修养一定程度上决定了孩子品行的高低。德国哲学家卡尔·雅斯贝尔斯（Karl Jaspers）说过，"教育意味着一棵树摇动另一棵树，一朵云推动另一朵云，一个灵魂唤醒另一个灵魂"，强调的就是教育者人格的影响作用。因此，家长应加强自身修养，以高尚品格对孩子的世界观、人生观和价值观形成积极影响。

（2）教育引导能力

教育引导能力是家长有目的地对孩子施加影响，使孩子符合自己教育期望的能力。通常通过摆事实、讲道理来进行。

生活处处皆教育。家长应善于借助生活中的教育契机，帮

助孩子建立正确的道德标准和行为规范。当孩子犯错时，通过循循善诱、启发引导等方式，让孩子明辨是非；当孩子表现出自发的正向行为时，及时关注并给予肯定；还可以借助他人他事对孩子进行随机的引导等。

2. 孩子心智培养能力

心智培养是指家长有意识地培养孩子的心智能力，挖掘孩子的潜能，发展孩子的个性，促进孩子心智水平不断提高的过程。

如果说品行塑造是"成人"的教育，那么心智培养则是"成才"的教育。虽然学校教育已经承担起大部分心智培育任务，但是家庭早期教育仍然无可替代。孩子从一出生，感觉系统就开始逐渐发展。而感觉是思维发展的初级阶段，良好的感知运动能力是孩子思维高水平发展的基础。孩子的视觉敏感期、听觉敏感期、空间敏感期、细微事物敏感期、语言发展关键期等都开始于3岁之前，在敏感期对孩子进行相应的启蒙教育会事半功倍。孩子天生的好奇心、探索欲及做事的专注度是否得到保护，也会对其学龄期的学习行为产生很大影响。

研究表明，家庭语言环境对孩子语言能力、阅读能力等发展至关重要。孩子入学后，良好学习习惯的养成，学习动机、

学习态度等的形成也与家长的引导密不可分。发现孩子的兴趣，给予针对性的培养，完善孩子的个性，更是家长而非学校的主要责任。

（1）学习辅导能力

学习辅导能力是指家长对于孩子学业上的帮助和引导，如引导孩子养成良好的学习习惯，帮助孩子端正学习动机、改善学业情绪，为孩子提供适当的教育资源等。

学习辅导不是要求家长承担老师的职责，给孩子具体的学科知识辅导，也不是检查作业、辅导习题等。家长尤其应注意家校边界，与学校教育协同进行，但不越界。对孩子不过多干预，更不包办、代替，以培养孩子自主学习能力和良好学业态度。

（2）兴趣培养能力

兴趣培养是指家长有意识地发现孩子对认识某种事物或从事某种活动的心理倾向，并因势利导，如发现并培养孩子对音乐、美术的兴趣，或对某些具体学科的兴趣，如对物理、天文、诗歌、历史等的兴趣。

兴趣是推动人认识事物、探索真理的重要动机。它是一

种具有浓厚情感的志趣活动，可以使人集中精力并创造性地完成当前活动。科学上巨大成就的取得往往离不开兴趣的驱动。著名学者丁肇中教授曾深有感触地说："任何科学研究，最重要的是要看对自己所从事的工作有没有兴趣……比如搞物理实验，因为我有兴趣，我可以两天两夜甚至三天三夜在实验室里守在仪器旁，我急切地希望发现我所要探索的东西。"随着信息化与教育的深度融合，人工智能将对学习产生变革性影响，未来教育将更注重孩子个性化的学习。因此，关注、发现孩子的真正兴趣，积极引导，使其成为孩子的优势，是孩子个性成长和成才路上的重要一步。

3. 孩子健康管理能力

健康是生命之基，是人生幸福的源泉，是孩子成人、成才的保障。对孩子的健康管理包括身体健康和心理健康两方面。

当今，科技日新月异，时代飞速发展，人们生活中的竞争和压力越来越大，焦虑成为一种普遍的社会现象，过度劳累事件时有发生。一些年轻生命不堪重负，过早走向生命终点，不仅未能实现个人理想，也给家庭带来伤痛，给国家和社会造成损失。近年来，国家高度重视健康事业，启动实施健康中国行动。随着人们对幸福生活的追求，人们对健康的理解也从没有

疾病到尽可能提高生活质量上。因此，家长应从小给孩子种下健康的种子，让孩子懂得健康的重要性，学会增进身心健康的方法，形成良好的行为习惯和健康积极的心态。

（1）健康习惯养成能力

健康习惯养成能力是指家长通过有计划、有组织、有系统的教育活动，使孩子自觉形成健康的生活方式，从而达到预防疾病、强身健体的目的，包括健康的饮食习惯、锻炼习惯、睡眠习惯、卫生习惯、用眼习惯等。

体质健康是健康的基础维度，对人的心理健康与社会适应能力有重要影响。研究发现，1991—2010年，我国中小学生的肺活量水平、速度素质、爆发力素质、耐力素质整体呈下降趋势，肥胖检出率、视力不良检出率呈上升趋势，主要原因有膳食结构不合理、课业压力较大、出行方式越来越工具化、体育锻炼不足等。由于国家政策导向，2010年开始青少年体质健康水平总体出现"止跌回暖"态势，但力量素质仍未得到改善，肥胖率和视力不良检出率仍然持续攀升。因此，孩子的体质健康问题仍然需要社会和家长的高度重视。

（2）积极心态培育能力

积极心态是个体对待自身、他人或事物的积极、正向、

稳定的心理倾向。拥有积极心态的人相信"车到山前必有路""柳暗花明又一村""乌云过后是晴天",他们能在同样的境遇中看到事物好的一面,能乐观地看待未来,具有更强的心理韧性,能更加从容地应对挫折、困难和挑战。因此,积极心态是一种重要的心理资本。家长应了解并培育孩子的积极心态,如乐观、勇敢、感恩、充满希望等品质,使孩子具备抵御心理问题和积极发展的能力。

（二）建设家庭能力

家庭是儿童社会化的起点。儿童早期在家庭中所形成的生活习惯、价值观念、为人处世之道、对真善美的感受与追求,以及勤俭、奋进、乐观、勇敢、正直等品质,会成为孩子人生的"底色",影响孩子一生。我国古人历来重视家庭建设,认为"家和万事兴",能"齐家"才能"治国、平天下"。党的十八大以来,习近平总书记多次强调要"注重家庭、注重家教、注重家风"。《全国家庭教育指导大纲（修订）》指出"家庭建设是家庭教育的重要保障"。因此,要做好家庭教育,家长首先应提高建设家庭的本领。

家长的家庭建设能力,从精神层面来看,是家庭文化建设能力;从物质层面来看,是家庭环境创设能力（本文中的环境

特指物质环境）；从关系层面来看，则是家庭关系平衡能力。

1. 家庭文化建设能力

家庭文化是指一个家族在世代承袭过程中形成和发展起来的较为稳定的生活方式、生活作风、传统习惯、家庭道德规范以及为人处事之道等，是家庭价值观念及行为形态的总和。每个家庭都有自己的家庭文化。有的家庭文化表现为鲜明的家风、成文的家训家规；有的家庭文化则是不成文的，体现为家人共同的生活习惯、行为方式或生活作风，如勤劳或懒散、文雅或粗俗等。

家庭文化是一个家庭的精神财富，具有重要的育人作用。家庭文化在家庭中代代相传，在很大程度上影响着家庭成员的道德意识、价值取向、文明素质和行为举止等，对家庭成员有重要的导向和约束作用。一般说来，学习型家庭的孩子积极向上，勤劳型家庭的孩子热爱劳动，和谐型家庭的孩子注重礼貌，民主型家庭的孩子懂得尊重，这便是家庭文化育人功能的体现。

（1）家规实施能力

家规是一个家庭的行为规范，是家长用以教育和规范家庭成员及后代子孙的准则。它是家庭文化在制度层面的体现，是

家长治家教子的重要载体。

无规矩不成方圆。大到国家社会，小到学校家庭，规矩无处不在。古人早就提出，治家不能"有爱无教""有爱无礼"，而要"以义方训其子，以礼法齐其家"。孔子的庭训"不学诗无以言""不学礼无以立"，诸葛亮的《诫子书》、北朝颜之推的《颜氏家训》，以及北宋司马光、南宋朱熹、明代方孝孺、清代曾国藩等都传有家训。他们将人生哲理、处事之道、行为规范凝练为训词，用以规范家庭成员的言行，代代相传。这些家族兴旺、子孙绵长，与重视用家规、家训来治家不无关系。

家规指明了哪些行为可为、哪些行为不可为的边界，是孩子成长路上的"斑马线"。家长应从家庭实际出发，根据孩子的年龄特点立规立诚，监督执行，护佑孩子在漫长的生命旅途中不闯"红灯"、安全成长。

（2）家风培育能力

家风，简单来说就是一个家庭的精神风貌，它看不见、摸不着，以隐性的形态存在于日常家庭生活中，家庭成员的一举手、一投足，无不彰显着家风的特点。

家风是家庭文化的灵魂。它是一个家庭长期培育形成的文

化和道德氛围，具有强大的精神力量。它能在思想道德上约束
家庭成员，使其按照家庭认可的价值观行事。优秀家风潜移默
化、润物无声，孩子长期耳濡目染，能养成高尚的精神气质。
优秀家风还是不良社会文化的过滤器，被优秀家风熏陶的孩
子，有更好的辨别是非能力和正确的价值观，即使面对负面社
会风气，也能够出淤泥而不染。

中华文明史表明，家风好，通常能家道兴盛、和顺美满；
家风差，难免殃及子孙、贻害社会，正所谓"积善之家，必有
余庆；积不善之家，必有余殃"。诸葛亮诫子格言、颜氏家
训、朱子家训等，都倡导优良家风教育；毛泽东、周恩来、朱
德等老一辈革命家也都高度重视家风教育。新时代家长担负着
培养民族复兴"梦之队"的大任，也应认真审视自己的家风，
取其精华，去其糟粕，自觉培育优良家风。

2. 家庭关系平衡能力

家庭关系是家庭成员之间依据自身角色在共同生活中的人
际互动或联系，是家庭成员之间一切社会关系的总和。在我国
当前社会中，家庭关系主要包括夫妻关系、亲子关系、手足关
系等，一些隔代抚养的家庭中还涉及祖孙关系、婆媳关系、翁
婿关系等。家庭关系如何，直接反映出家庭成员之间相互联系

的紧密程度、影响程度、家庭的稳固程度、各项家庭职能的履行程度，以及家庭生活质量等诸多方面，并以多种形式对家庭教育产生影响。

儿童教育专家孙瑞雪说，孩子未来跟任何人的关系都取决于家庭关系的模本。家庭关系是孩子最早体验的人际关系，家庭成员交互作用时所产生的有形和无形规则构成了比较稳定的家庭结构，在成员间形成特定的交往模式，孩子将来的恋爱关系、婚姻关系、同事关系等，都在一定程度上映射着原生家庭中的这种交往模式。我国古代非常注重家庭关系的维护。儒家所倡导的"父慈子孝""兄友弟恭""夫义妻贤""长幼有序"等人伦思想，便是基于家庭关系所提出的道德要求。

在和谐融洽的家庭氛围中长大的孩子内心是快乐的、有安全感的，与人交往时是轻松愉悦的；在关系紧张的家庭中长大的孩子，他的情绪也容易紧张，容易出现心理或行为方面的问题。家庭治疗大师莫瑞·鲍恩（Murray Bowen）指出，"当一个二人系统遇到矛盾问题时，就会自然地把第三者扯入他们的系统中，作用是减轻二人间的情绪冲击"，因此，当父母产生矛盾冲突时，孩子常常会不自觉地作为父母矛盾的平衡者和协调者卷入父母的争斗中，但自身却容易出现扭曲心理，或产生问题行为。

一项关于ODD儿童（对立违抗儿童）的研究显示，ODD儿童的症状更多是家庭问题的呈现，而家庭互动方式和家庭关系则是导致症状产生的主要家庭原因。家庭互动方式是直接的、浅层次的原因，而家庭关系则是隐藏在背后的深层次原因。

一项关于高中生的研究显示，家庭关系良好的高中生，其自尊水平和正性情绪得分显著高于家庭关系不良的高中生，他们的抑郁总分及其负性情绪、躯体症状、人际关系得分显著低于家庭关系不良组。由此可以看出，家庭关系与孩子自尊、抑郁水平有显著关系。改善家庭交流，降低家庭冲突，有助于提高孩子的自尊水平，并可减少孩子的抑郁体验。

（1）情绪管理能力

情绪失控是很多家庭冲突产生及升级恶化的原因。家长作为家庭关系的重要协调者，自身情绪管理能力对于平衡家庭关系、避免和解决家庭冲突至关重要。

俗话说，冲动是魔鬼。当人们被情绪所控制，也就是处在激情状态的时候，掌管情绪的右脑过度兴奋，掌管思维的左脑受到抑制，往往不能客观、理智地分析问题，从而导致言行失当，甚至做出错误决定。因此，人们通常被告诫要"先处理情绪，再处理事情"。只有让情绪"冷却"下来，恢复理智，

才能对事情做出全面的考量和恰当的反应。家长稳定、平和的情绪不但有利于家庭关系维护，对孩子也是一种良好的示范。情绪管理能力受后天环境影响很大，家长作为孩子的第一任老师，其情绪表露情况及情绪处理方式，是孩子处理情绪问题的模板。

（2）表达沟通能力

家庭关系的质量很大程度上取决于家人之间的沟通情况。沟通是人与人之间思想与情感的传递和反馈过程。人们在沟通中了解彼此、建立信任、发展关系。家人朝夕相处，产生摩擦的机会多，相互付出多，要求也多，出现矛盾是不可避免的。情绪管理解决的是家长自身的情绪问题，是表达沟通的一个良好前提，表达沟通则强调与冲突方有效地化解矛盾、解决问题。

美国著名心理治疗师维吉尼亚·萨提亚（Virginia Satir）女士认为，家庭中出现矛盾后，有的人习惯于讨好，有的人习惯于指责，有的人习惯于转移话题，有的人习惯于讲道理，这些都不是有效解决问题的办法。学会表达与沟通，建立表里一致的沟通模式，是家长应该具备的一项基本技能。

家长是孩子从家庭走向学校、走向社会的领路人，在家

庭教育中起到主导作用。孩子是一个独立个体，有巨大潜能和自我实现的强烈需要，家长遵循孩子的身心成长规律和个性特点，对孩子精心地教育培养，能够助力孩子实现生命的"蓝图"，成为最好的自己。

3. 家庭环境创设能力

家庭环境是家庭文化在物质层面的体现，既包括家庭的一桌一椅、一花一木等静态家居陈设，也包括家庭成员共同参与的动态家庭活动等。

环境的育人功能体现在：一为孩子提供健康的生活场所，二提高孩子感受美、欣赏美、创造美的能力。物质环境承载着显性或隐性的文化信息，孩子生活于精心设计的家庭环境中，不断获得知识、经验和美的享受，有助于孩子形成健全的人格。我国著名儿童教育家陈鹤琴非常强调环境的作用，倡导为儿童创造良好的环境，包括游戏的环境、劳动的环境、科学的环境、艺术的环境、阅读的环境等。

（1）家居环境布置能力

家居环境是孩子生活起居、学习、游戏的重要场所。安全、舒适、美观的家庭环境有助于孩子的身心健康，能够陶冶孩子的心灵。

家中图书角的布置、图书的选择、墙上的字画、客厅中的家具、饰品的格调、餐具的风格等物质形态，所折射出的审美情趣、价值取向和文化品格，对孩子的审美标准、价值判断等方面具有重要的引导作用。长期浸润在特定的环境中，孩子对这样的环境文化"习以为常"，不断固化为思维深处的价值取向，从而影响其思想和行为。书香家庭中的孩子大多文质彬彬、浸染着书的香气，大概就是这个道理。

（2）家庭活动组织能力

家庭生活是由一系列具体的家庭活动组成的，如家人一起用餐、聊天、看电视、读书、外出、购物、旅行、聚会、劳动、体育锻炼、节日庆祝活动等，这些大大小小的家庭活动构成了孩子成长的动态家庭环境。

家庭活动是家庭生活方式的体现。家庭生活方式影响孩子行为习惯的养成，对孩子认识社会起到桥梁作用，对孩子的品格形成起到渗透作用。家长是否能够规划、组织有益的家庭活动，关系到孩子的健康成长和家庭的幸福和谐。陶行知先生说，"生活即教育""是好生活就是好教育，是坏生活就是坏教育；是认真的生活，就是认真的教育，是马虎的生活就是马虎的教育；是合理的生活，就是合理的教育，是不合理的生

活，就是不合理的教育；是康健的生活，就是康健的教育，是不康健的生活，就是不康健的教育……"可见，家庭活动组织能力直接关系到教育孩子的质量，家长应通过丰富的活动，寓教于乐，促进孩子身心健康成长。

（三）协同育人能力

家长的协同育人能力是指家长作为家庭教育的主体，其教养孩子实施家庭教育时与学校教育、社会教育保持一致，共同促进孩子健康发展的能力。

教育是学校、家庭和社会共同开展的一项系统工程，需要三方共同努力为学生创造良好的成长环境。苏联教育家苏霍姆林斯基说过，只有学校教育而没有家庭教育，或只有家庭教育而没有学校教育，都不利于完成培养人这一极其复杂的任务，最完美的教育应是两者的有机结合。学校教育需要家庭教育的支持，家庭教育需要学校教育的引领，两者合作才能产生更强大的作用。

1. 家校对话能力

家校对话能力是指家长与学校老师建立初步的联系，能够配合老师的要求，根据老师的建议解决家庭教育中的具体问

题。但是，在这一阶段，家长是被动的，虽然具有尊师重教的态度，却由于对家庭教育责任和家校协同育人的不了解，未能主动参与到家校合作中来。

2. 家校合作能力

家校合作能力是指家长具备一定的家校合作意识，能够主动与学校进行沟通，积极参与家校共育活动，咨询并解决孩子成长过程中遇到的问题，家校相互配合，促进孩子健康成长。在这一阶段，家长可能具有一定的功利性，积极参与只为了让老师更关照自己的孩子，对于家校双方的职责并不清晰，家校之间可能会存在边界不清等问题。

3. 家校协同能力

家校协同能力是指家长具备较高的教育素养并树立了协同育人理念，能够自觉与学校建立良性互动，家校两个主体在教育目标上保持高度一致，既有合作又有边界，相辅相成，优势互补，建立良好的育人环境，不断促进孩子积极发展。

依恋理论

依恋是指个人与某一特定个体间持续的、强烈的情感关系。依恋理论认为，儿童期的依恋关系对个体人格发展有很大影响。

一、依恋理论的提出

依恋理论首先由英国精神病学家约翰·鲍尔贝（John Bowlby）提出。1944年，他进行了一项关于少年小偷的研究，首次激发了他对母子关系的研究兴趣。随后，他开展了一系列"母亲剥夺"研究并指出，在儿童早期，将婴幼儿长时间放在公共机构内照料或经常变换主要养育者，会对其人格发展造成不良影响。

1969年，鲍尔贝的"依恋三部曲"的第一卷《依恋》问世，他提出依恋概念，指出婴儿在出生后到两岁之间与主要抚养者所形成的安全的依恋关系是婴儿形成安全感的一种非常重要的因素。婴儿与养育者之间持久的情感联系会内化为人格的关键部分，并且成为未来人际交往和建立

亲密关系的基础,贯穿儿童期和青春期,直到成年。

他还指出,依恋是生命系统的一部分,虽然它在整个生命过程中都存在,但在儿童早期最明显,儿童只有把父母作为"安全基地"才能有效地探索其周围环境。假如婴儿不寻求并维持与照顾者的亲近,这无助的婴儿将会死亡。

二、不同的依恋类型

美国心理学家玛丽·爱因斯沃斯〔Mary Ainsworth〕认为,依恋关系中个体间的重要差异在于依恋的安全性或不安全性。1978年,她与同事设计了陌生情境测验,评定1岁婴儿对其母亲的依恋的安全性。陌生情境测验是在一间实验性玩具室内观察婴儿、养育者(多为母亲)和一个友好却陌生的成人在一系列情境中的行为。这个情景依次由下列八个步骤构成:

——母亲带儿童进入一个陌生房间。

——母亲坐下来,儿童自由探索。

——一个成年陌生人进入房间,先和母亲说话,再和儿童说话。

——母亲离开房间。

——母亲回来，和儿童打招呼并安慰儿童，陌生人离开。

——母亲再次离开，留下儿童自己。

——陌生人回来。

——母亲回来，陌生人离开。

爱因斯沃斯根据陌生情境测婴儿的不同反应，将依恋关系分为三种类型。

安全型依恋。这类婴儿与母亲在一起时能开心地玩玩具，并不总是依附于母亲，当母亲离去时，会表现出明显的焦虑。当母亲回来时，会立即接近母亲，并很快平静下来继续玩游戏。这样的孩子通常比较合作，对陌生人比较友善，一般比较快乐和自信。

不安全依恋（回避型）。这类婴儿在母亲离去时并不表现出紧张或忧虑，当母亲回来时，也不予理会或短暂接近一下又走开，表现出对母亲的忽视及躲避行为，这类婴儿在接受陌生人的安慰与母亲的安慰时的反应没有差别。这样的孩子有需要时不会寻求帮助，常有愤怒情绪，对陌生人不在意。

不安全依恋（反抗型）。这类婴儿在母亲离开之前就开始焦虑，紧张地关注，生怕母亲离开，因此，不能尽兴地玩玩

具；在母亲离开后更加不安。当母亲回来后他的表现很矛盾，一方面想亲近母亲，一方面又用踢打、尖叫的方式来拒绝，无法再投入到游戏中。这样的孩子很少对周围环境进行探索，很难安抚，对陌生人也不友好。

然而，在实际工作中还发现一些儿童的行为不符合以上三种类型中的任何一种，且这些儿童曾有被虐待与被忽视的经验，于是，国际依恋心理研究协会主席帕特里夏·克里滕登（Patricia Crittenden）（1988）提出另一种依恋类型——不安全依恋（破裂型），此类儿童会对母亲表现出冷漠。

在爱因斯沃斯的最初研究中，安全型依恋儿童约占65%，不安全依恋（回避型）占21%，不安全依恋（反抗型）占14%。后来，在8个国家2000名儿童中进行的39个有关依恋类型的研究，虽然有一定的文化差异，却发现依恋类型的分布几乎与爱因斯沃斯的研究相同，但不安全依恋（破裂型）约占4%。

进一步的研究发现，不同亲子依恋类型的母亲表现出不同特点。

1. 安全型依恋儿童母亲的特点

——对孩子很敏感。能根据孩子的需要来喂食，对喂食的

时间、速度和方式等都非常敏感。

——对孩子有较多的反应。在孩子哭时会去安慰"回答"孩子的问题，在孩子看着她们时会对孩子说话。

——允许适宜孩子年龄阶段的自主和探索。亲近具有灵活性——孩子和母亲各自独立活动，并不时进行随意交流。

——母亲和孩子似乎在互动中获得乐趣。

2. 不安全依恋（回避型）儿童母亲的特点

——似乎致力于抚育任务，但经常在情感上对孩子不可亲近。

——孩子似乎了解到，如果自己坚持寻求关注，母亲就能够做出反应，因而孩子始终保持与照看者的亲近。

——一些孩子会关怀双亲，以便增进互动，这会让孩子过早地成人化。

3. 不安全依恋（反抗型）儿童母亲的特点

——母亲对孩子的需要不是特别关心或敏感。

——易发怒，不会表达自己的感情，羞于和孩子有亲密的身体接触。

——紧张、不安、缺乏自信，和孩子间的距离常引起孩子的愤怒。母亲似乎对孩子的接触尝试做出消极的反应，当孩子难过时，母亲退缩。

三、依恋理论对家庭教育的启示

两岁前是建立安全依恋的关键期，与孩子进行高质量的亲子互动是建立安全依恋关系的基本途径。

第一阶段：从出生至6周左右。这时候，孩子开始与身边的成年人有了亲密接触，如抓握大人的手指、凝视成人的眼睛、用微笑或哭泣来表达自己的情绪。这一阶段的孩子可以识别自己母亲的气味和声音，但是，还没有形成对母亲的依恋，他们不介意跟不熟悉的大人待在一起。作为照料者，此阶段应当及时满足孩子的吃喝拉撒等各种生理需求，让孩子感觉到舒适。

第二阶段：6周至6~8个月。在这一阶段，孩子开始能够将母亲和陌生人区分开来。如果母亲能够经常与孩子"交流"，逗孩子开心，每当孩子发出信号（如哼唧、表情、手势、目光指向等）来表达需求时，母亲都积极应答，快速做出反应，孩子就会逐渐对母亲产生信任感。反之，如果母亲经常无法及时、正确地应答，孩子就会对母亲形成不信任感，这对依恋关

系的形成具有极大的破坏力。尽管如此，即使孩子此时可以识别母亲与他人的不同，当自己与母亲分开时，孩子仍然不会出现抗议行为。

第三阶段：6~8个月至18个月~2岁。孩子明显表现出分离焦虑，他会在母亲离开时感到难过，大一些的孩子还会努力尝试挽留母亲，如接近、跟随并爬到母亲身上。他把母亲当作安全基地，从中获得情感支持。但也恰恰是在这一阶段，大多数母亲休完产假之后，需要重返工作场所，陪伴孩子的时间自然减少，甚至因路途遥远、工作压力大等原因，而不得不给孩子断奶。这会给孩子带来很大的焦虑，有的会与其他抚养者建立依恋关系，有的则形成"精神孤岛"，不跟任何人建立依恋关系。

第四阶段：18个月至2岁以后。孩子慢慢能够理解母亲的离去，认识到母亲离开是暂时的，并不是抛弃他，母亲仍然是爱他的。这种稳定的认识一旦建立，孩子对妈妈离开的恐惧就会大大减小，从而减少分离焦虑的程度，提升对母亲的信任感。

因此，作为孩子的照料者，要想与孩子建立安全的依恋关系，应当做到以下几点：

一是保持对孩子释放信息的敏感度，做到及时回应、正确解读。当然，这需要我们对孩子的日常表现非常了解。

二是加强对孩子的陪伴和关注，即使是职业女性，回家后也应多与孩子亲密互动、多做游戏，满足孩子的心理需求。

三是保持愉快的情绪，避免将自己生活中的烦恼投射到孩子身上。

附录D

家庭系统理论

一、家庭系统理论及其主要观点

家庭系统理论泛指在家庭心理学中运用系统思维，对个体、夫妻和家人在相互关系中及活动环境中的情感、思想和行为进行研究的家庭心理学理论。系统思想是家庭系统理论的基本立场和出发点。

家庭系统理论最初由美国心理治疗家默里·鲍恩（Murray Bowen）在20世纪40年代末提出，经由约翰·豪威尔、玛格丽特·辛格、萨提亚、贝罗迪、海灵格等多位研究者的深入研究与拓展，家庭系统理论目前已发展为一系列比较完善、丰富的理论体系，主要应用于系统式的家庭治疗，同时也是观察、指导和协调普通家庭人际关系的重要方法和依据。

家庭系统理论的主要观点如下。

（1）家庭是一个整体，家庭成员之间的情绪活动相互联系，彼此影响。个人与家庭的情绪分离程度将影响其

人格的独立性。

（2）家庭系统中的情感过程会在家庭模式中持续发生作用，慢性焦虑等情绪会在代际间长期传递。

（3）家庭系统中存在维护平衡的动力法则，家庭中儿童出现的"问题"，既反映了家庭成员关系中的"问题"，也可能是为维持系统间某种平衡而产生的。

二、家庭系统中常见的压力因素

（一）父母的自我分化程度

自我分化是鲍恩家庭系统理论中的核心概念。在内心层面，它指个体把理智与情感分开的能力；在人际关系层面，它是指个体与他人的情绪分离的能力。

一般而言，自我分化程度较高的个体，在心智上和情感上更能够顺利地独立成为成熟的个体。自我分化程度较低的个体，容易受到环境的影响，在压力情境下，理智容易受情绪的支配，缺乏自我意识，易感情用事，在人际关系中，难以同时维持独立自主和与他人情感连结的平衡，容易与他人在情感上纠缠、依附。

儿童自我分化水平的发展状况与父母本身的自我分化程度有关。在亲子交往中，自我分化程度低的父母容易将自己身上不成熟和低分化的状态通过情绪系统投射到子女身上，不利于儿童自我分化的过程和独立性的形成。当家庭环境发生变化或面临压力时，父母容易产生焦虑感和无力感；面对教育子女的困难，他们容易情绪化和失控。

（二）家庭的三角关系

由夫妻结合而形成的小家庭最初是简单的二人关系，孩子出生以后，这种简单的二人关系被打破，变成三人关系（三角关系）。

如果外在环境平稳安定，夫妻自我分化水平较高，面对一般压力环境会及时自我调整，孩子出生后形成的家庭三角关系也会呈现稳定和谐状态。一旦家庭生活中面临较大压力，夫妻双方焦虑水平上升，低分化水平的父母为了舒缓自己的压力，就会把第三者拉进关系中，形成紧张的三角关系。

在由父母和孩子组成的核心家庭中，关系最紧密、最缺乏分化能力的孩子最容易成为低分化水平父母投射焦虑和压力的对象，这时形成的三角关系对孩子来说就是紧张、不舒服的，但是孩子无法分辨和解除这些体验，而是积累起来形成有关自

我的意象，并对情绪情感、人际交往和学习等多方面造成不良影响。

（三）与原生家庭的牵连纠葛

原生家庭指个人出生后被抚养长大的家庭，鲍恩等人认为，个人在原生家庭中与父母的关系模式，会持续影响其未来生活，尤其会影响婚后的亲密关系。

原生家庭通过夫妻双方的自我分化水平对新的家庭系统产生影响。一般人都倾向于选择与自己分化程度相似的人为伴侣，他们结合后形成新的家庭情绪系统。所以两个自我分化水平较高的父母结合后，相处方式比较和谐，既有各自的独立性，又能保持密切的联系，这是最理想的家庭环境，容易养育自我分化水平高的孩子。

两个自我分化水平低的个体组建家庭以后，夫妻双方在原生家庭中形成的价值观、思维方式、行为特点及交互模式在新的家庭系统里容易产生冲突和矛盾，孩子被父母拉进紧张的三角关系，又使得孩子模仿和习得父母的家庭互动方式，深刻影响其未来生活。此外，原生家庭中的祖辈还可能通过家庭关系对后代的婚姻家庭生活直接干预，从而容易引发更加复杂的家庭矛盾。

三、对家庭教育的启发

从家庭系统理论看来，家庭由多个个体组成，三角关系是核心家庭的动力模式。在家庭系统中，每个个体之间既是相互联系的，又是彼此独立的，如果每个个体的自我价值得到充分肯定和展示，个体分化出较为健康的心智和情感，家庭关系会呈现和谐美好的状态。这对家庭教育有以下三个层面的启示。

第一，父母个人提高层面。父母应当学会认识自己，了解自己，感受和原生家庭间的联系，梳理和原生家庭父母的关系，修复自己在原生家庭中未分化的情感等。学会把焦虑的目光从孩子身上拉回自己身上，重新认识孩子问题行为、不良习惯背后的深层需要，反思自己的成长经历，觉察自我价值，达到自我疗愈。

第二，夫妻亲密关系层面。海灵格认为，家庭中的夫妻关系应优先于亲子关系，鲍恩的三角关系理论也表明紧张的夫妻关系会把孩子拉进复杂的三角关系，因此，父母应当学习亲密关系中积极正面的表达沟通方式，学会相互尊重和理解，为孩子的成长提供温馨、和睦的家庭氛围。

第三，亲子教育层面。父母应当学习儿童生理和心理发展方面的知识，掌握积极有效的教育儿童的技巧和方法，参加一些亲子教育的行为训练等，切实提高家庭教育水平。

参考文献

［1］王治芳，牛青云.基于家校协同的家长教养能力三维结构理论模型建构[J].中国成人教育，2021（08）.

［2］王治芳.家长学堂：学会陪伴学会爱（一年级）[M].济南：山东教育出版社，2020.

［3］王治芳.家长学堂：学会陪伴学会爱（二年级）[M].济南：山东教育出版社，2020.

［4］王治芳.家长学堂：学会陪伴学会爱（三年级）[M].济南：山东教育出版社，2020.

［5］王孝益，樊雅.儿童创意涂鸦[M].江西：美术出版社，2014.

［6］马德浩，季浏.我国中小学生体质健康中存在的问题、致因及其对策[J].西安体育学院学报，2017，34（2）：182-188.

［7］陈长洲，王红英，项贤林，等.改革开放40年我国青少年体质健康政策的回顾、反思与展望[J].体育科学，2019，39（3）：38-47.

［8］席居哲，桑标，邓赐平.儿童心理健康发展的家庭生态

系统特点研究[J]. 心理科学，2004，27（1）：72-76.

［9］蔺秀云，李文琳，李泽，等. 对立违抗儿童家庭问题分析[J]. 北京师范大学学报（社会科学版). 2014（03）：23-32.

［10］蚁璇瑶，凌宇. 家庭关系对高中生自尊与抑郁情绪的影响[J]. 教育测量与评价（理论版）. 2013（05）：35-38.

［11］王垒，李林，梁觉. 综合智力：对智力概念的整合[J]. 心理科学，1999，22（2）：97-100.

［12］王永祥. 儒家家庭教育思想研究[D/OL]. 兰州：兰州大学，2017.

［13］关颖. 家庭教育社会学[M]. 北京：教育科学出版社，2014.

［14］爱利克·埃里克森. 洞见与责任[M]. 罗山，刘雅斓，译. 北京：世界图书出版公司，2017.

［15］约翰·鲍尔比. 依恋[M]. 付琳，译. 北京：世界图书出版公司，2018.

［16］维吉尼亚·萨提亚. 新家庭如何塑造人[M].易春丽，叶冬梅，译. 北京:世界图书出版公司，2018。

［17］陈鹤琴. 家庭教育[M]. 上海：华东师范大学出版社，2013.

［18］陶行知.陶行知文集[M].南京：江苏凤凰教育出版社，2008.